Sê my,
is julle twee
susters?

Sê my, is julle twee susters?

'n memorie
Hester van der Walt

modjaji books

Uitgegee in 2017 deur Modjaji Books
www.modjajibooks.co.za

Redigering deur Suenel Holloway-Bruwer
Boekomslagkunswerk deur Jesse Breytenbach
Teksontwerp deur Andy Thesen
Geset in Garamond

Gedruk en gebind deur Creda, Kaapstad
ISBN: 978-1-928215-23-3
ebook: 978-1-928215-53-0

Opgedra aan Anne Schuster en Annemarie Hendriksz
wat boeke in die lewe help bring.

Voorwoord

*To deny your ancestors is to deny yourself. I am
they and they are me.*

*I do not have a separate self. We all exist as
part of a wonderful stream of life.*

    – from *no death, no fear* by Thich Nhat Hanh

Die fluit van 'n trein by Springfontein

*die reuk van mis stuif op uit die kluite
my elke sel, my elke boublok kom van my voorgeslag
lank was ek skaam, bang om anders te wees
en tog vloei ons saam in dieselfde lewensstroom*

*my elke sel my elke boublok kom van my voorgeslag
lank was ek skaam oor waar ek vandaan kom
en tog vloei ons saam in dieselfde lewensstroom
een stroom van lewe, die vloei van wat is*

*eens was ek skaam oor waar ek vandaan kom
die fluit van 'n trein by Springfontein
een stroom van lewe, die vloei van wat is
die mishoring weerklink op 'n herfsoggend*

*die fluit van 'n trein by Springfontein
lank was ek skaam, bang om anders te wees
die mishoring weerklink op 'n herfsoggend
die reuk van mis stuif op uit die kluite*

By die afdraai na Breëstraat kom twee voetgangers ons tegemoet. Die vroue kyk na ons en waai van ver af. Ek kyk en kyk weer en toe herken ek vir Marian Jacobs, 'n vriendin wat ek al vanaf 1978 ken. Die jare val weg. Ek gooi die Toyota se deur oop en ons omhels mekaar in die middel van die stofstraat. Die pragtige jongvrou langs haar moet dan Tamlyn, Marian se dogter wat ek laas gesien het toe sy omtrent agt jaar oud was, wees. Die twee is vir die naweek in McGregor en hulle bly in die gastehuis net oorkant ons.

So begin die groot gesels en die onthou-jy-nogs. En wat het geword van dié een, en het jy gehoor van daai, en weet jy dat Brian dood is? Binne oomblikke is ons weer op dieselfde vriendskapsvlak as vyftien jaar gelede toe ons mekaar gereeld gesien het. Marian was destyds Lies se "kleinbaas" (sy is skaars okselhoogte) toe hulle nog by Universiteit van Kaapstad se Kindergesondheidseenheid gewerk het. Sedertdien het sy ver paaie geloop as wêreldkundige in kindergesondheid, en tans is sy raadgewer aan ons nasionale Minister van Gesondheid.

'n Vreemde patroon ontwikkel soos die naweek vorder. Ons bly sommer vir lang tye staan waar ons is, so asof praat en luister en verwondering oor mekaar se lewens die heel belangrikste taak is. Ons vergeet om te gaan sit, om te eet, ons haal net in, en daar is baie om in te haal. Waar begin mens?

Die kenmerk van ware vriendskap, besef ons teen Sondagaand toe Marian ons trakteer by 'n goeie restaurant met 'n groot reünie ete en die beste wyn uit ons omgewing, is dat vriende weer binne minute die drade kan optel asof hulle net laasweek nog geval het. Dit ja, en ook die totale afwesigheid van verwyte, skuldgevoelens en verwagtinge, soos "ek moes jou laat weet het" en "maar hoekom het jy my nooit laat weet nie?"

Ek besef weer hoe vol my huidige lewe is, en hoe ryk elke lewe is en hoe weinig beheer ons oor alles het. En tog is daar in elke lewe keerpunte, oomblikke waarin ons besluite neem wat ons lewensloop totaal verander. Dit is juis so 'n keerpunt wat my dertien jaar gelede laat besluit het om my werk in Kaapstad te bedank en saam met my lewensmaat in die dorp McGregor te kom woon. 'n Paar weke na die besluit was ons huis in die mark en toe dit op die eerste Sondag daarna verkoop word, het die werklikheid van hierdie wending my eers goed getref. Dit was asof ons gedrewe was om alle versigtigheid oorboord te gooi. Lies was reeds afgetree en ek het uit my werk bedank, teen die beterwete van finansiële en professionele beraders.

Ek wonder dikwels oor die groot keerpunte in elke lewe. My manier om sin te maak van verwondering is om vroeg in die oggend te skryf. En dit is hoe hierdie memorie ontstaan het. Anne Schuster, my skryfghoeroe, het 'n virtuele "Flash Memoir" kursus aagebied per e-pos. Oor 'n tydperk van agt weke het ek sesuur elke oggend 'n taak op my rekenaar gekry. Elke week het ek 'n nuwe keerpunt ontgin en teruggestap in my lewe.

1

My voorgeslag

"Hm, sy dink mos ek is nie meer hier nie, maar ek hou haar elke oggend dop, dié oudste dogter van my. Op hierdie portret van my is ek skaars vyftig, heelwat jonger as wat sy nou is. Tog snaaks dat 'n dogter haar ma kan verbysteek in jare, maar dis darem net op die foto, hoor. Dit was nogal 'n publisiteitsfoto vir een van my toneelstukke. Sy sê dis haar geliefkoosde foto van my. Ek pose vir die fotograaf, maar tog is daar iets in my uitdrukking waarvan sy hou, iets van die egte moeder, dalk die tikkie sagte huiwering of bepeinsing onder die rolspeel vir die kameraman. Maar wag, ek is nou 'n has been. Nou gaan dit oor haar, my oudste en my ernstigste kind."

"Vir die afgelope sewe weke is sy elke oggend voor vyf al op. Sy skarrel eers vir byna 'n uur om haar warm goedjies bymekaar te maak. Twee, drie lae klere, oliekaggel aan, en glo my, selfs nog 'n warmwatersak vir daardie ysige voete wat nooit vanself warm bly nie. Kepsie en handskoene. 'n Beker warm tee en daar sit sy eindelik, toegewikkel soos 'n Eskimo. Sy het al haar props om haar reggesit; 'n wekker, 'n klein mandjie met speelgoed soos gom, kryte en skêr. Ek is nou eers spyt dat ek nooit aan kleuterskool geglo het nie, maar dis nooit te laat nie. Daar lui die wekker. Sy sluit haar oë vir 'n oomblik en word doodstil. Dankie tog Here, sy's weer terug in die geloof! Dan begin sy verwoed en woes te skryf. Hoekom sou sy tog so jaag, kompleet asof sy 'n trein moet haal? Die kind werk mos nie meer nie. Sy't heeldag tyd. Nou ja, sy was maar altyd gedrewe en gefokus. En so vasberade om alles reg te doen, self al was sy so siek met die bors. Ek weet vir seker hierdie geskrywery sal ook goed afloop. Dalk weer 'n goue medalje?! Nie dat ek dit ooit hardop sal sê nie; sy sal haar net vir my vererg en tien teen een ophou skryf."

Ja, so peins Debora Rossouw, my oorlede ma wat my vanuit die portretraam gadeslaan. Iewers langs die pad het Ma die Deb- verloor en net Ora gebly. Was dit destyds in Oupa en Ouma se huis waar jy die tiende van twaalf kinders was? 'n Kleintjie tussen die yslike span ouer broers en susters. Jy is in 1919 gebore, tussen die twee groot wêreldoorloë. Hoe oud sou jou moeder toe gewees het? Seker al minstens veertig. Jy en jou kleinsus Rina het saam grootgeword in daardie woelige huishouding wat later van Wellington af Strand toe getrek het. Oupa Piet, jou pa, was 'n handelaar in groente en markware; iemand wat deesdae 'n entrepreneur genoem word.

Purper, rooi en blou glaspanele boei my terwyl die predikant se stem op die agtergrond dreun. Teen Oupa se arm leun ek my wang. Uit die mou van sy baadjie klink 'n lae, donkerbruin gesoem. Ek ruik die grond aan sy klere.

"Hoekom dra jy tog die ou ding kerk toe?" wou Ouma van hom weet. "Die elmboë blink al van die ouderdom." Ek glo nie hy het haar gehoor nie.

Vandag weet ek hoekom hy die baadjie gedra het. Mens wil gemaklik voel op jou oudag. Ontslae raak van al wat styf en nuut is, alles wat jou skaaf en strem. Ek hoor weer hoe Oupa gesing het, altyd een oktaaf laer as die gemeente 'n hoë noot vat.

"Aan U o God my dank gesange, u loof ek in die awendstond …"

Net by Oupa het ek as kind geweet daar is Een wat ons almal veilig vashou: langs Oupa in die kerk, in sy wingerd, op sy stoep en knielend voor sy riempiestoel, het ek daardie geborgenheid gevoel. Ek dink dit het minder te doen gehad met die kerk en meer met Oupa se growwe hande, sy geskifte baadjiemoue en sy vleistandjies.

My gunsteling storie oor my oupa gaan oor een van sy markavonture. Eendag op 'n laat Bolandse someragtermiddag was hy op pad terug huistoe oor Sir Lowryspas met kratte lewende hoenders agterop 'n oop trokkie. Toe hy teen daardie steil afdraende wou rem trap was daar skielik geen remme nie. Hy is teen 'n moordende spoed bergaf. Hy het kop gehou en net sy oë op die volgende skerp draai gespits. Agter hom het hy gehoor hoe die kratte van die trok af val op elke steil draai. "En toe Oupa, en toe?" "Toe kom ek met die Here se genade gelukkig weer veilig by die huis." Ek was net destyds bekommerd oor die hoenders wat iewers teen die kranse afgestort het. Dan het Oupa my getroos met die wete dat hulle in die berg waarskynlik langer sou leef as op die mark.

<hr>

Op pad huistoe draai Pa af en stop by die hotel in Staatsweg. Ma is dadelik ontsteld.

"Ag nee Lief! Ons is almal moeg. Kom ons gaan liewer huistoe."

Pa maak of hy haar nie hoor nie en stap om die draai na die kroeg toe. "Net een biertjie," roep hy oor sy skouer.

Ons bly sit in die Nash. 'n Uur later wag ons nog steeds. My broers skop klippe op die sypaadjie. Ma vee sweet af. Net toe sy besluit om hom te gaan haal, kom Pa skaam-skuldig aangestap. Onderweg huistoe probeer hy praatjies maak, maar almal is doodstil.

Stemme uit die slaapkamer. Pa verduidelik en Ma skree en huil tegelyk. Die ou patroon oor naweke en Pa se aftye. Hy was altyd weer nugter as hy moes werk en ook Sondae vir die kerk. Hy was nooit gewelddadig dronk nie, net spraaksaam met dieselfde praatjies oor en oor en dan het hy aan die slaap geraak.

Al was Ma ook hoe moedeloos en kwaad vir hom het sy altyd vir ons gesê om te onthou dat Pa 'n goeie man is. "Jou pa se swakheid is daar vir almal om te sien. Meeste van ons kan ons sondes wegsteek en dit is baie erger." Nogtans was ek was skaam vir hom. Oor wat ander mense sal sien. As 'n tiener wou ek nooit maats huistoe nooi nie. Hulle pa's was nie soos myne nie.

Toe ek as leerlingverpleegster vir die eerste keer sielkunde studeer het kry ek nuwe insigte oor alkoholisme. Dis eintlik 'n siekte, nie sonde nie! Daar val 'n gewig van my skouers af en ek sien my pa opeens met nuwe oë. Op my eerste besoek aan my ouers gesels ek met my ma hieroor. Sy is dadelik skepties en afwysend. "Nee jong, ek het al alles probeer. Jou pa sal tog nooit verander nie." Ek het daarna self met hom gepraat, maar ek het gevoel ons praat langs mekaar verby.

Jare later toe ons reeds in die Kaap gewoon het en Pa met pensioen was, besluit hy eendag om alleen vir ons te kom kuier en vir die eerste keer in sy lewe te vlieg. 'n Groot avontuur. Ons gaan haal hom op die lughawe en luister na sy stories oor die vlug. Ons maak 'n groot ophef van hom. Die naweek neem ons hom op 'n rit na Kommetjie en Kirstenbosch en ons gaan eet by 'n Sjinese restaurant wat hy uit vroeër jare onthou. Dan kom die kersie op die koek: die sunset cruise van Houtbaai na die Kaapse hawe. Hy en ek dink terug aan 'n rit op 'n vissersbootjie wat ons twee eendag gemaak het toe ek nog klein was.

Later tydens dieselfde kuier was hy kwaad vir ons omdat ons 'n bottel brandewyn by die kombuisdrein afgegooi het.

As kind het ek 'n groot bewondering vir Ma gehad. Veral as ons buite die huis was, gewoonlik êrens op 'n kerkfunksie, of by die skool. Ek het gesien hoe mense notisie neem van haar, van haar stem en manier van praat. Van haar menings oor dinge. Sy was 'n aantreklike vrou met sterk gelaatstrekke. Grysblou oë en 'n gul mond. Taamlik lank en middelmatig van bou. Sy het haar nooit veel aan modes gesteur nie. Eintlik was sy haar tyd vooruit, want sy het graag langbroeke gedra wat sy self gemaak het. Sy en Pa was een van die vreemdste pare ooit! Hy, tingerig en terughoudend. 'n Mynwerker. Hysmasjinis. Slegs spraaksaam na 'n dop of twee, maar andersins stil en vroom. Hy was erg gesteld op netjiese klere. Hy het nooit uitgegaan sonder 'n hemp en das nie. Daarby 'n snyersbroek, 'n baadjie en 'n hoed. Werktoe het hy later jare 'n safaripak gedra.

Ma het my dikwels vertel van die groot liefde in haar lewe. Ene Wikus van Riversdal. Hulle het mekaar net na matriek ontmoet by 'n jeugkamp op Stilbaai. En toe? Sy het my eendag vertel hoe sy dit uitgemaak het omdat hy "te ver wou gaan". Veel later, op vier en twintig, het sy Pa ontmoet by 'n dans in Ontdekkers naby Krugersdorp waar sy toe 'n verpleegster was. Haar jonger suster Rina was ook daar met Willem. Sy vriend Fanie was dadelik verlief op haar. Sy ook op hom, vermoed ek, selfs al het sy kort daarna uitgevind dat hy 'n geskeide man was. Sy het ook gou agtergekom dat hy te veel drink. Dit was oorlogstyd, 1943, en dalk het almal destyds gedrink. Maar trou? En sewe kinders kry? Dit kon ek nooit begryp nie. Sy was in soveel opsigte my pa se meerdere en sy drinkpatroon het haar eindeloos frustreer.

Dit was eers later, in 'n gesprek met Lies die "spelonkeloog" wat 'n slag het om mense aan die praat te kry, dat my ma erken het dat sy "moes trou".

Ek is besig om kos te maak in die oopplanvakansiehuis op 'n plaas in Botrivier. Ma kuier by ons vir die langnaweek. Lies en Ma sit aan die kombuistafel en tee drink. Tussen die uie kap hoor ek hul gesprek op 'n afstand.

"Vertel my bietjie meer van die Wikus ou. Hy was mos Tannie se eerste kêrel?"

"Ja … ek was baie lief vir hom."

Stilte

"En toe, wat het toe gebeur?"

"Hy het my saamgevat na sy ouers op Riversdal. Sy pa was daar predikant."

Ma se stem raak dromerig. Lies por haar weer aan.

"Ag nee. Dit het toe nie uitgewerk nie ..."

"Hoe dan so Tannie?"

"Hy wou te ver gaan. En ek wou nie. Ek wou liewer wag tot na my troue. En toe het ek hom verloor."

"Maar toe later, met oom Fanie, toe het Tannie seker nie gekeer nie."

Ek word yskoud in die stilte wat volg.

"Ja kind, jy is reg," sê sy stilweg. "Toe moes ek trou. Voor die magistraat."

Van toe af weet ek vir seker hoekom daar nooit in ons huis 'n enkele troufoto was nie. Ook nie 'n datum waarop hul troue herdenk word nie. En ek was die "oorsaak" van hul troue.

In my grootwordjare onthou ek my verhouding met my ma as 'n soort bondgenootskap. Sy het op my as oudste dogter gesteun om haar te help met die huishouding. Ek het gehelp om die kleintjies te versorg, maar ek was ook haar gespreksgenoot. Ons het dit geniet om saam te brei, klere te maak, winkels toe te gaan en in die koor te sing. Ek het haar gehelp om eindelose dosyne koeksisters en pasteitjies vir kerk- en skoolbasaars te bak. Ma het my prestasie op skool bewonder. Sy was verbaas oor my leeshonger en bekommerd oor my gesondheid en die asma wat my so gestrem het in my tienerjare.

En Pa Fanie? Hy het ons dikwels vertel van sy grootwordjare se swaarkry. Na 'n paar drankies het Pa oor en oor vertel van die sukkel op die stoppellande van die Oos-Kaap. Gebore in 1909 êrens in die omgewing van Molteno of Springfontein. Sy familie was brandarm na die oorlogjare. Sy Pa, Oupa Fanie, was bywoner op 'n plaas en was deel van die groot groep Afrikaners wat werk gekry het as stoker op die Spoorweë. Dit het beteken dat hulle kort-kort verplaas is van een stasie na die volgende. Pa se moeder is dood kort na sy jongste suster se geboorte. Sy ousus moes toe maar moeder speel vir die drie jonger kinders en huishou vir haar pa. "Julle kinders weet nie wat swaarkry is nie," het Pa dikwels vir ons gesê. Dan het hy vertel hoe hy myle ver kaalvoet skooltoe moes stap, dikwels met 'n honger maag. Van skool was daar nie veel sprake nie; sover ek kon uitvind het hy skaars sy laerskool voltooi, elke keer weer in 'n nuwe skool by die volgende stasie. Toe hy groot genoeg was om steenkool te skep, het hy saam met sy pa begin werk as stoker en sy pad oopgestook tot op die Witwatersrand waar hy ingeskryf het as vakleerling by die myne.

Eintlik weet ek bitter min van my pa se lewe. My stil Pa wat net spraaksaam was as hy 'n paar doppe ingehad het. En dan het my ma hom stilgemaak. My pa wat so trots was op my, terwyl ek vir die grootste deel van sy lewe so skaam was vir hom.

Ek het jou nooit regtig geken nie Pa, maar ek sien jou al meer in die spieël; in my regteroor met die wegstaan flap, in my klein, krom, gevoelige voete en hande, en in die huiwerende stiltes in my sinne as ek iets vertel. In enige geselskap was jy altyd soos 'n vreemdeling. Dáár maar ook nie daar nie. Pappie, pappa, vader, oubaas. Al die name wat mense hul pa's ooit genoem het, kom by my op maar nie een van hulle pas nou by jou nie, behalwe net Pa. Jy was altyd op die agtergrond. Skigtig. Dalk versigtig vir die volgende aanslag soos 'n kind wat gereeld slae kry.

"Wat doen Pa alweer in die slaapkamer? Kom sit hier by ons Lief!" Hulle het mekaar Lief genoem maar ek het nooit die woord gehoor as 'n liefkosing nie. Net as gewoonte en soms geïrriteerd van haar kant af. Hy het na haar verwys as "jou ma".

Ek is net hartseer as ek aan hulle twee dink. Daar was niks ligs en vroliks tussen hulle nie. Tog was sy goed vir hom op haar manier. Moederlik. Toegeeflik? Uit liefde? Uit jammerte? Liewe hemel, sewe kinders en talle miskrame. Het hulle ooit gesellig gesels of net saam dinge geniet en saam gelag? Dalk was dit nie 'n prioriteit nie. Ma het haar kinders gehad, 'n paar vriendinne, haar sang en natuurlik haar bekommernisse. En Pa? Sy stout: die donker bier wat hy as 'n gesondheidsdrankie beskou het, en sy vele avonture om dit so skelm moontlik te bekom en te versteek. Sy sigarette en sy pyp. Hy het 'n ritueel gemaak daarvan om verskillende soorte tabak te meng op die eetkamertafel. Pa het skofte gewerk op die myn, heen en weer werktoe op sy trapfiets. Ek was al op hoërskool toe hy sy eerste kar gekoop het. 'n Tweedehandse Nash. Ma was gekant teen die karkopery. Sy het hom ook nooit vertrou agter die stuur nie. Hy was so trots op sy kar. 'n Macho simbool wat glad nie by sy fyn voorkoms gepas het nie. En dan was daar sy Bybel en sy kerk.

Ek was al opgeskote toe ek besef het dat Pa ook 'n eerste vrou gehad het. Tannie Johanna, 'n luidrugtige donkerkop vrou wat in een van die ander mynvoorstede woon met haar man. Ma het haar as kommin beskou. Ek het ook nog 'n halfbroer en 'n halfsuster gehad wat ek veel later eers ontmoet het.

Ons het gereelde kontak gehad met Ma se Bolandse familie maar nooit iets gehoor of gesien van Pa se familie nie. Oupa Fanie, Pa se pa, het wel by ons gewoon en hy is in ons huis deur Ma versorg tot sy dood. 'n Tengerige, stil, streng oubaas met stowwerige lekkergoed in sy laai. Jy moes eers dankie sê voor jy een kry.

Oupa Fanie is in 1883 gebore, vermoedelik in Molteno. Volgens die inligting voor in my broer se familiebybel was hy getroud met Lucia Francina Lessing wat 'n jaar jonger was as hy. Sy het net vyf en veertig jaar oud geword, nadat sy vier kinders gehad het waarvan Pa die derde was. Ek het sy oudste broer Ben en een van sy susters, Alida, ontmoet toe ek nog baie klein was – op Oupa Fanie se begrafnis. Daarna was ons eenmaal op besoek by tannie Alida op 'n plot in die Molteno omgewing. Al wat ek onthou is hoe Ma gegril het vir die vlieë wat in die melk gedryf het.

Toe Pa gebore is kort na die Engelse oorlog, was 'n groot persentasie van Afrikaners verarm of werkloos en steeds in die hersteltydperk na 'n verwoestende rinderpes, Kitchener se geskroeide aarde beleid en die konsentrasiekampe. Oupa het werk gekry as stoker op die spoorweë in die omgewing van Springfontein en hy is dikwels verplaas van een spoorweghalte na die volgende. Skool was skaars en ongereeld. Die kinders het kaalvoet geloop totdat Oupa vir hulle later skoene oor die pos bestel het. Vandaar die liddorings! Sover ek weet het Pa slegs tot Standerd Ses skoolgegaan. Hy het later van tyd 'n vakleerlingskap voltooi en gekwalifiseer as hysmasjinis; 'n werk wat hy vir die res van sy lewe gedoen het. Hy was trots op die verantwoordelikheid om reusehysbakke wat mense sowel as erts ondergronds vervoer, veilig te bestuur.

Soms neem dit 'n leeftyd om genoeg lewensondervinding op te doen wat jy dan kan aanwend om jou eie doene en late (veral die "late") te verstaan. Soms doen 'n derde party dit vir jou: Daar het jy nou Lies in 'n neutedop. Sy storm vreesloos oor enige verbode drempel en mense reageer op haar vrae! Op haar kenmerkende manier het sy ook my pa uit sy hoekie gelok met haar aandag. Soos die dag toe hy haar toegelaat het om sy voete te versorg. Sy pynlike liddoringvoete. Ma het hom soms na 'n voetsuster gestuur en hy was baie teësinnig vir nog meer pyn en lyding.

"Nee Oom, ek gaan net die voete lekker was en uitsmeer met salf. Daar is niks van 'n gevyl of gesny nie." En daarmee het die twee in die slaapkamer verdwyn met die blou erdekom vol water.

Die volgende dag hoor ek Lies vra: "En toe, hoe voel Oom se voete nou?"

"Nee jong, lekker. Ons kan vandag maar weer so maak!"

Dit was eers veel later dat ek begin leer het oor die wesenlike ver-skille tussen die ervarings van Kaapse en Noordelike Afrikaners. Ironies genoeg het my eerste insig gekom uit 'n boek wat een van my medegevangenes in 'n sel in Pollsmoor gehad het. Vandag kan ek glad nie die boek se naam of die skrywer onthou nie. Ek weet net dit was 'n Engelse boek deur 'n Suid-Afrikaner en dit het gegaan oor die belewenisse en denkpatrone van Afrikaners. Die skeurlyne tussen dié wat getrek het en dié wat in die Kolonie agtergebly het onder die Engelse, loop diep. Dan was daar dié wat geveg het en die wat gejoin het. Ek het iets begin verstaan van die klasseverskil tussen my ma met haar aanvoeling vir tale en musiek en my ma wat sy minderwaardigheid probeer wegsteek het agter 'n dop.

2

Kleintyd

'n smal skrefie oopte

handjies op haar knieë arms gestrek
skouers tot teen haar ore opgetrek

sit sy op die rand van haar kinderbed
so regop as moontlik vir meer asem

hartklop hamerend in haar kop
elke hap na asem harde werk

die swart en blou kapsules
wil vandag nie help nie

wat van vicks vra ma
laat ek net jou rug uit vrywe

halfvyf kom pa van nagskof af
ons moet haar by 'n dokter kry

die kind se neus vlerk oop en toe
haar bors fluit en piep

dan hoes sy 'n proppie wit slym los
'n ronde pêrel op haar tong

dit skep 'n smal skrefie oopte
vir asem om te in en asem om te uit

dankie dankie dankie bewe haar lip
vir hoop vir asem vir lewe

later sak sy terug teen die kussings
ma se trooshand vee haar voorkop af

halfsewe tyd vir skool roer julle
gil ma op stefaans rossouw en lucia

jy bly net hier, ek vat jou dokter toe
die kind sê niks sy haal net asem.

Die gepiep van my bors in die middel van die nag. Snags as almal slaap sit ek regop vir asem. Ek is bang Ma sal my hoor en opstaan om te kom drukte maak. My regop sal sien sit teen 'n stapel kussings en 'n koue natlap sal bring om my gesig af te vee. Dis die hartjie van die winter op die Vrystaatse Goudvelde. Buite die gedreun van die myn. Dit is waar Pa werk met groot hysmasjiene. Daar bring Ma die taai rooi medisyne wat ek so haat. En die dokter se oranje en blou kapsule wat my hart laat hamerklop teen my ribbes.

Later is al die ander kinders reg vir skool, maar ek is nog te bewerig om op te staan. Ek hersien maar solank my geskiedenistaak. "Jy gaan nêrens nie," sê Ma. Sy trek haar aan om my dokter toe te vat. Ons stap saam oor die geel winterse grasveld. Ek hou my mond toe teen die ysige wind. Elke tree 'n geveg vir asem.

On a day like today we pass the time away with love letters in the sand. Ek droom oor Pat Boone. Sy foto is geplak teen my skooltas se binnedeksel. Sy liedjies maak my knieë lam. Hy is so totaal anders as die rowwe skoolseuns. Van Elvis hou ek ook, maar op 'n meer geheime manier. Soos van die verbode vrug in die paradys. Ek voel lomp en anders as ek na die kinders om my kyk. Staffie en haar Dawie lyk so gewoon. Ek vermoed ek is nie gemaak vir die jongmeisie lewe nie. *Uit dieptes gans verlore van redding ver vandaan.*

Ek weet ek gaan matriek dop en leer snags om op te maak vir verlore tyd. Ek dra die swaar tas boeke, ook my geskiedenisboek met die swart en wit prente van Savonarola en Cavour. Die geskiedenisonderwyser is Jan de Klerk, en sy bynaam is Die Skim. Ek sien hom elke Sondag in die Dopperkerk as hy statig sy plek inneem as leier van die ouderlinge. Ek probeer wegsmelt in sy klas, maar hy druk elke dag op my nommer om antwoord te gee. So asof ek en hy iets in gemeen het. Ons weet mos Doppers moet darem presteer. Hy is koud en streng en laat my ongemaklik voel. Ek weet hy weet van Pa. En ek is skaam vir Pa, vir ons familie. Die Skim is anders as my Engelse en Duitse onderwysers. Ek voel hulle sien wie ek eintlik is. Iemand wat hou van taal en van lees.

Die hele tyd weet ek iets is nie reg nie. Ons sing elke Maandagoggend in die skoolsaal *Uit die blou van onse hemel* en die skoollied *Handhaaf en bou*. En ons luister na 'n sedepreek. Ja, ek weet iets is nie reg nie. Maar wat? Het dit dalk iets te doen met die Bantoes? Ons is lief vir Anna wat in ons mynhuis se agterplaas woon. Ma word kwaad as ander mense van kaffers praat. Sy sê sy slaan ons dood as ons dit ooit sou waag om lelik met Anna te praat. Op die skoolgrond staan almal in groepies en gesels. Ek staan by Ina noudat Staffie en haar Dawie gekys is. *Jan Pierewiet, Jan Pierewiet staan stil.* Ma maak vir my 'n geel volkspelerok met 'n wye onderrok. Die tiekiedraaipassies slaan my dronk. Staffie sleep my saam en ek word opgepaar met Kestell. Hy is net so skaam soos ek. Swart borselkop met 'n oulike kroontjie. En voor ek goed verstaan wat aangaan is ons twee ook gekys. Sweterige hande en 'n onhandige oopmondsoen. *Afrikaners is plesierig en dan maak hulle so.* Ek is so benoud dat ek 'n draai gaan mis. Ek voel dom met my voete en met ritme. Baie meer tuis in die biblioteek op soek na leesboeke. Ek wil dit liewer nie waag om vir Kestell huistoe te nooi nie.

"Kyk hoe lyk jy, jy's alweer gesuip!" skel Ma op Pa as hy die aand vrolik en spraaksaam huis toe kom. Haar gepleit en gekla. Pa se stilte. Stefaans se stilte. Ek en Rossouw wat probeer speel en lag, probeer normaal wees. Wat help dit tog? Ek word ook stil by die huis. Tot ek diep in die nag wakker word van die gepiep van my bors. Een ding weet ek seker: Ek moet hier wegkom volgende jaar.

Ek onthou hoe ek die badkamerdeur agter my toegemaak het en myself in ons badkamerspieël beskou het. Eindeloos gepieker het oor hoe ek lyk, oor hoe ek ooit sal aanpas in 'n vreemde plek met so 'n gesig, met sulke onewe ore; een bak en een plat. Ek onthou hoe my maag gegor het van senuwees en opwinding. Na al die gedroom gaan ek eindelik weg uit Welkom, weg van Pa en Ma se alewige gesukkel. Weg van die skaamte van 'n dronk pa, 'n huis met 'n kas sonder deure. Ek sal eindelik my eie kamer hê waar ek die lig tot laat sal kan aanhou om te lees sonder om my te worry oor Lucia en Anetha in die bed langs myne. Hoe sal dit wees? En wat as Ma reg is, as ek nooit die harde werk van 'n verpleegster sal kan doen met my asma nie? "Jy wat altyd met jou neus in die boeke sit. Hoe gaan jy regkom met bedwasse, swaar mense oplig en omdraai, met stank en etterige wonde?" Ma weet wat dié lewe inhou want sy was self daar, sy moes self die stront opvreet van bitsige susters en moeilike pasiënte, maar sy was gebou daarvoor en sy was mal oor haar verpleegwerk. Maar hierdie stil, slim meisiekind van haar? Sy weet darem nie.

Ek het toe al geweet, diep van binne, dat ek die keuse maak uit 'n behoefte om weg te kom uit Welkom, weg uit die mynhuis in Mitchellstraat nommer nege. Die alternatief was baie vaag, maar ek het geglo dat ek dit sal maak. Teen die advies van onderwysers wat gedink het ek is mal. Verpleging is vir meisies wat nie kan leer nie, nie vir jou nie. Ek sou graag universiteit toe wou gaan soos 'n paar van my klasmaats. Maar my ouers het ses ander kinders gehad om kos te gee. 'n Beurs? Was daar destyds beurse? Nie wat ek kan onthou nie.

3

Bloemfontein

Selfgemaakte klein kleibakkie
jy wat rond moes wees
het skeef uitgekom

met 'n spatel het ek toe vervaard
jou nat lyf geslaan tot 'n vyfkant
maar steeds hang jy swaardra
al aan die eenkant soos my eie onpaar ore

jy is 'n hoekige ronding
uit pas met hoe rondings hoort
ek was trots op jou gryswit glasuur
en die kobaltblou driehoek op elke vlak
rofweg ingekwas op die nat glasuur
pleasing to the eye
het ek toe al geweet ek is skeef
nie perfek rond nie
op soek na ander vorms van wees
êrens tussen hoekig en rond

wat het my uit die nes gestoot?
'n verlange na ruimte en vryheid
ek wou groei
uitvind wie ek is.

Januarie 1962. Ek sit kiertsregop op die rand van my bed
in die verpleegsterstehuis. Klaar gewas en geklee in die wit
uniform wat so gestyf is dat dit effens wegstaan van my lyf.

Die uniform word om my middel ingeneem met 'n stywe wit belt wat my soos twee houers afbind in 'n onderlyf en 'n bolyf. My bene is gehul in nylons, keurig opgehou deur 'n suspender belt. Die skoene, Doctor Watsons, hard en bruin en blink sit ongemaklik aan my tengerige knopvoete wat ek van Pa geërf het. Gisteraand was hulle kloppend seer na die heeldag se staan en loop. Gelukkig word alles weer snags beter terwyl mens slaap. Ek lees in my Bybel, die kleintjie met Ma se handskrif voor in; Miga 6 vers 8. Dis die enigste manier wat ek ken om moed en krag te kry vir nog 'n dag in Saal 17. Die suster en die seniors weet almal presies wat om te doen, en hulle verwag dit van my ook. Dan is daar die pasiënte wat so dringend na my roep. "Pan asseblief, Nurse!" Ek doen dit so gou as moontlik, maar soms is die bed al nat as ek by hulle kom. Ek het seker te lank gevat om die pan eers warm te maak, want daar was min warm water na die oggend se bedwasse.

Die eerste twee weke se verskrikking is gister onderbreek deur die onverwagse verskyning van 'n stukkkie vertroudheid. Toe ek die kombuis instap om 'n lepel te gaan haal om Mevrou de Bruin te voer, sien ek deur die buitedeur se venster iemand wat vaagweg bekend lyk. Sy glimlag vir my. Tannie Hester! My ma se suster wat naby Bloemfontein op 'n plot bly, druk my styf teen haar vas en ommiddellik verbrokkel al my dapperheid en my dun lagie selfbeheersing.

Ek het onbeskaamd in my tante se arms gesnik. Sy was dadelik bekommerd. "Is jy siek, Kind? Wat gaan dan nou aan?"

"Nee, nee," het ek probeer verduidelik. "Dis net …" Waar begin ek om haar te vertel hoe bang ek is en hoe erg alles is? Ek het maar op my bewende lip gebyt om myself onder beheer te kry en die trane weggevee. Ek het haar verseker dat dit goed gaan en toe skielik onthou dat Mevrou de Bruin se kos koud word en vinnig gegroet.

Gelukkig nog 'n halfuur van genadige stilte voor ek verwag word in die ontbytsaal. Ek skryf in my dagboek oor Tannie

Hester se besoek van gister. Wat moes sy gedink het van my huilery? Netnou sê sy vir Ma dat ek ongelukkig is. Dis net, skielik was daar iemand wat my ken, wat my nie gaan verskree nie. Iemand wat nie sien hoe dom en onhandig ek is nie. Dis wat my laat huil het, die goedheid, die aanvaarding.

Nou in my grysheid kyk ek met deernis na daardie jong ek. Sy was so weerloos en dapper. Sy moes teen daardie tyd al skanse begin bou het om die ergste pyn en ontnugtering van die grootmenswêreld uit te sluit. Tot die sien van 'n geliefde haar hart oopgebreek het en die ware gevoel uitgeborrel het. Destyds het sy nog nie geweet hoe genesend dit is om te huil nie. Deesdae huil ek veel makliker; tog bly die bewende lip moeilik, veral in die openbaar, maar daaraan werk ek.

Ek onthou die Nasionale Hospitaal waar ek na byna vier jaar tuis begin voel het al het ek steeds die ou sale as groot en vol gevare ervaar. Ek onthou die siek mense in pienk en blou kamerjasse. Die blou komberse en die wit lakens gemerk met die PAO embleem wat staan vir Provinsiale Administrasie van die Oranje Vrystaat. Die sloeskamer met sy blink bedpanne en urinale en glashouers vir urinemonsters. Dan was daar my kollegas. Susan, die langgesigmeisie van Burgersdorp. Groenoog Queenie, ouer as die res van ons en wêreldwys met haar rokerige altstem. Van die senior personeel onhou ek vir Sniffles, ons bynaam vir die nagmatrone wat snags op sagte sole skielik agter jou verskyn het om enige misdryf uit te snuffel. Klein ronderaambrilletjie, haar hare opgesteek onder die gestyfde *veil*. Tog was daar 'n sagtheid in haar as sy met 'n pasiënt gepraat het. Hulle was lief vir haar en het haar as 'n nagtelike beskermengel ervaar. Die eggo in die lang gange. Die gekling-klang van 'n bedpan wat val. My seer voete in skoene wat rekordspoed haal tussen eetkamer en saal. Die nuwe blok met privaatkamers waar Dokter Grundill, my dokter wat asma en ander longkwale behandel het, gewerk het.

Verpleging was destyds beheer deur 'n byna militaristiese burokratiese sisteem wat bestaan het uit 'n rangorde van matrones, saalsusters, stafverpleegsters en leerlingverpleegsters. Elke rang is uitgeken deur die uniform. Selfs die leerlinge moes kentekens dra wat hulle sou identifiseer as eerste-, tweede- of derdejaars. Dit het bestaan uit belts met een of twee blou strepe, of, die toppunt, 'n totale blou belt in jou derde jaar. Ek sien weer die lang hospitaalgange afgebaken met dubbeldeure. By elke deur moes jy vinnig omkyk om vas te stel of daar 'n senior agter jou stap. Dan moes jy gaan staan en haar voor jou laat uitstap, anders kon sy jou vermaan of selfs rapporteer aan 'n hoofsuster.

My eerste ondervinding op nagdiens staan uit soos 'n mylpaal. Na die eerste paar maande in die vroue ortopediese saal waar ek slegs 'n verwilderde klein skakel was in die groter masjien van 'n span, was die nagdienspersoneel van dieselfde saal verminder tot twee verpleegsters, een senior blou belt en ek, die junior, verantwoordelik vir die lewens van dertig pasiënte van seweuur saans tot seweuur soggens. Om middernag maak ons beurte om te gaan eet vir dertig minute. My redding was my senior, Nurse Crafford – rietskraal, donker krulhare en 'n sagte stem en hart. Sy was 'n heldin in my oë, want sy het geweet hoe om elke krisis te hanteer sonder om my of enigiemand anders te blameer of te verskree. Sy het vertrou dat ek take kon uitvoer; sy het my een keer gewys hoe om 'n inspuiting te gee, een keer gekyk hoe ek dit doen, en my toe losgelaat. Vir die eerste keer het ek gevoel dat ek dalk verpleegmateriaal is, dat ek iets sou kon beteken vir pasiënte. En daardie gevoel het my gedryf om deur te druk, selfs al wou my lyf dikwels nie verder nie, en al wou dit net nie oggend word nie. Vir die eerste keer het ek ook die kameraderie met ander kollegas gevoel – iets wat verdien moes word.

In my tweede maand op nagdiens trek my bors toe, so erg dat my gewone pompie en kapsules nie help nie. 'n Swaar verkoue maak dinge erger, en toe ek al piepend en hygend aanmeld vir diens, stuur Nurse Crafford my na ongevalle om die dokter te sien. Na 'n kort ondersoek en 'n inspuiting neem hy my op in

Saal 8, die saal vir personeel. Diagnose: brongitis en asma. Na 'n paar dae se behandeling is die infeksie weg, maar die dokter bly besorgd oor my asma en sit my op kortisoontablette. Ek voer 'n onwerklike bestaan. 'n Verpleegster wat pasiënt is. Dit gee my tyd om na te dink oor die beroep en die duisend-en-een klein handelinge wat dit inhou. Was die mense by die huis tog nie maar reg nie? Dalk is ek nie verpleegstersmateriaal nie. Maar dan dink ek weer aan die pasiënte op nagdiens en die voldoening wat ek begin kry as ek weet hoe om iets reg te doen, sodat ek kan sien dat dit 'n verskil maak aan hoe iemand voel.

Elke oggend om seweuur as die dagskof opkom, kom daar ook 'n verpleegster wat my kamer afstof. Ek sien aan haar belt dat sy ook nog 'n eerstejaarstudent is. Ek staan langs my bed in my kamerjas. Sy groet en ek hoor dadelik die duidelike Nederlandse tongval. Ons raak aan die gesels. Sy vertel my dat sy die maand in die kollege is vir haar eerste blok. Vir die eerste uur van die dag moet hulle in die sale werk voordat die klasse begin. Lies Hoogendoorn. Sy laat my dink aan die Nederlanders wat ek in Welkom leer ken het in die Gereformeerde Kerk. Die Buters, die Vierbergens en die Kooles. Nee, sy ken hulle nie, haar familie woon op Edenburg vertel sy terwyl sy my bedkassie gadeslaan. "So baie boeke! Lees jy baie?" vra sy verbaas. Ek help haar afpak en plek maak sodat sy die oppervlakte met Savlon kan afvee. Die volgende dag staan sy weer voor my deur, en ons gesels verder. Sy vertel my dat sy pas terug is van twee jaar in Holland waar sy ook in 'n hospitaal gewerk het. Ek vertel haar van my twyfel oor my gesondheid en sy praat my moed in.

Teen dié tyd was ek al byna drie weke van die werk af, en die dokter het voorgestel dat ek nog twee weke siekverlof neem. Dit het beteken dat ek my groep se anatomie- en fisiologiekursus moes misloop. Die matrone het my gerusgestel. Dit sou nie soveel saak maak nie; dit sou net beteken dat ek 'n paar maande later saam met die volgende groep studente moes inval. So gebeur dit toe dat ek vier maande later in 'n nuwe klas vol vreemde gesigte een bekende sien sit. Onmiskenbaar, Lies Hoogendoorn.

Sy het uitgestaan in enige groep. Sy het soos 'n kameelperd beweeg, haar houding was regop en sy was altyd die langste vrou in die vertrek. Sy was die langste meisie wat ek nog geken het. En so maer! Ek was geskok toe ek eendag by die swembad al haar werwelbeentjies soos 'n string krale teen haar rug af kon sien. Ligbruin reguit hare opgesteek in 'n Franse rol waarop die wit gestyfde kappie stewig vasgesteek is met twee skuifspelde. Sagte somerbruin vel en 'n profiel wat herinner aan haar voormoeders op Rembrandt skilderye. Ek het haar eendag sien orrel speel en haar mooi lang vingers opgemerk. Hande wat net weet waar om te vat om 'n pasiënt gemaklik te maak teen die kussings. Lies se waagmoed het my telkens verras. Sy het gewaag om haar sê te sê. Sy was skynbaar onbevrees vir enige gesagsfiguur wat onnodig gewig rondgooi. Veral as hulle aanstellerig was of nonsens gepraat het. Sy het geen kak van kabouters gevat nie. En sy het nooit gejok of selfs 'n witleuen vertel nie. Nie sover ek weet nie, selfs nie om uit 'n moeilike situasie te kom nie.

Dit was die begin van 'n vriendkap. Wat het ons in gemeen gehad? Ek was destyds nog 'n bakvissie. Wel, 'n ernstige een, want ek het nooit deelgeneem aan al die wilde jongmeisiesavonture van my ouderdomsgroep nie. Bangerig, sensitief, idealisties, met 'n sterk wil om te leer, om dinge uit te vind. Diep gelowig. En daar was die raakpunt. Ons was albei Doppers, en Sondae as ons dagaf was, het ons saam kerktoe gestap, al met die voetpad tot by die kerk in Wilgehof. Hoede op, kouse en hofskoentjies, psalmboek en Bybel onder die arm. Lies het gereeld by haar suster Corry se familie gaan kuier, en so is ek ook dikwels saamgenooi om te deel in die geselligheid van 'n tipiese Hollandse huishouding.

Namate ek Lies beter leer ken het, het ek haar beter leer verstaan. Sy het verlang na 'n volmaakte wêreld sonder bedrog.

En daarom kon sy maklik verdrietig raak en teleurgesteld in die mensdom. Sy het ook verlang na liefde, veral na Leen, die mooi, lang, donker Hollander wat nooit tot 'n punt kon kom nie. Die bliksem het met haar gevoelens gespeel.

Lies se ouers, Oom Gijs en Tante Corry, het destyds op Edenburg gewoon waar Oom Gijs 'n bakkery gehad het. Dit was vir my 'n hele avontuur om saam met Lies soontoe te gaan vir 'n naweek. Aanvanklik moes ek hard konsentreer om hulle Nederlands te verstaan, maar mettertyd het ek selfs begin om hier en daar saam te gesels. Ek was oorweldig deur hulle familiekultuur, so anders as myne. Hier was die vader sonder enige twyfel die sterk leier waarna almal opgesien het. Lies het 'n groot ontsag vir haar vader gehad, maar vir my was hy besonder toeganklik. Ek was meer skrikkerig vir Tante Corry wat so prakties en taakgerig besig was om die lekkerste disse vir die gesin voor te berei. Kos waaraan ek moes gewoond word; boerenkool stamppot, tamatiesop met balletjies gehakt. Die hele familie het as 'n reël almal saam aan 'n gedekte tafel geëet. Tante Corry se beroemde leuse was "Gewoon drie maal per dag eten, al gebeurt wat ookal!" Ek onthou die ysige wintersdae voor die kolekaggel wat dag en nag gebrand het en die nagte wat ek in die opklapbed onder stapels dik wolkomberse geslaap het.

In die tyd het ek ook vir Nico, Lies se jonger broer, ontmoet. Hy was die manlike weergawe van Lies; hulle het albei Oom Gijs se lengte en sterk gelaatstrekke geërf. Lies se oudste suster Corry, lyk weer na haar moeder na wie sy vernoem is. Nico was passievol oor musiek en geïnteresseerd in enige onderwerp onder die son. Hy was so anders as die mans wat ek destyds ontmoet het. Die lawwe seuns by volkspele en die skamerige ouens by die kerk. Eintlik het ek in die vier jaar in Bloemfontein geen mans ontmoet wat my beïndruk het nie. Die verpleegsterstehuis se sitkamer waar paartjies ontmoet het omdat mans nie verder as die binnedeur toegelaat was nie, het ek soos die pes vermy. Hoekom? Ek was skaam, verleë, minderwaardig. Daardie soort dinge was nie vir my nie. Ek het wel vaagweg na liefde verlang, maar wat ek die sterkste onthou uit daardie tyd is 'n gevoel van uitwees. 'n Buitestaander. En toe was daar Nico. Groot, selfversekerd, Nederlands. Ek het gesien hoe hy met sy susters en sy pa en ma omgaan, hulle intimiteit aan tafel en hulle lewendige gesprekke. Ek onthou 'n nag van wakkerlê. Verbaas, verruk, verlief. Te bang om te hoop, of selfs vir Lies te vertel. Tot die dag toe sy my hare geknip het in my kamer in die ou vleuel van die verpleegsterstehuis. Ek het voor die spieëltafel op 'n stoel gesit terwyl sy knip. Hoe het ek destyds my hare gedra? Net genoeg hare om die kappie op vas te steek met twee haarknippies. Sy het seker net my nekhare gelyk gesny. Sy het gevra hoe dit met my gaan, want sy kon agterkom dat ek haar iets wil vertel. Haar vingers het oor my hare gestryk en sy het aan my nek geraak. Ek kon die woeling in my buik voel. Toe glip my woorde uiteindelik uit: "Ek hou van Nico ..." Lies was stom van verbasing. Nico? Haar kleinboet? "Nee jong, ek ken hom," het sy gesê, sy het geweet dat hy 'n meisie het. Ek het haar laat beloof dat sy vir niemand sou vertel nie. Later het ek uitgevind dat sy hom wel vertel het, maar dat hy gesê het ons tweetjies sou 'n slegte paar uitmaak; hy met sy hooikoors en ek met my asma.

Ek het later van tyd baie gewonder oor my kortstondige verliefdheid. In 'n onlangse skryfoefening wou ek onthou hoe daardie tyd van my lewe geproe het. Wat was die verskillende smake? Lies se smaak, toe, was brood. Nie dat ek ooit destyds sou droom om aan haar te proe nie, maar haar vriendskap was daaglikse voeding. My verliefdheid op Nico was soos sjerrie, die enigste alkohol wat ek destyds geproe het – byna soos nagmaalwyn, soet en vol belofte, maar eteries en vervlietend. 'n Wilde opvlieging, heeltemal ongegrond. Of dalk juis gegrond op 'n onbewuste droom, 'n smaak so verbode soos die vrugte aan die boom van kennis van goed en kwaad. Het ek dalk my gevoelens vir Lies verplaas na haar broer wat so sprekend op haar lyk?

My opleiding in algemene verpleging het drie en 'n half jaar geduur. Ek was in Welkom by my ouers toe ek die blou lugposbrief van Lies kry. Ons het altwee kort gelede ons finale verpleegstersleksamen geskryf en sou oor 'n paar weke saam met 'n hele groep kollegas Kaapstad toe gaan om ons kraamopleiding in Distrik Ses te gaan doen. Lies het geskryf van haar pa se siekte en dood en hoe onstellend dit was om weer haar tantes en ooms te sien onder sulke treurige omstandighede. Sy het gesê dat Tante Corry probeer dapper wees maar dat sy nog te geskok is om noual planne te maak.

Ek onthou die dag dat Ma en Pa my Bloemfontein toe gebring het om ons familie se medelye te betoon. Lies en Tante Corry was pas terug uit Holland, waar hulle Oom Gijs begrawe het. 'n Onverwags skokkende einde aan hulle reeds langbeplande bootreis en vakansie by die familie om Oom Gijs se aftrede te vier. Op die boot het hy skielik baie siek geword, en die dokter het longkanker ontdek wat alreeds ver gevorderd was. In Gouda het hy sy laaste dae in 'n hospitaalbed deurgebring. Lies het inderhaas Holland toe gevlieg en was nog net betyds vir haar Pa se begrafnis en om haar moeder terug te vergesel na Suid Afrika.

Corry, Lies se suster, se filterkoffie is bietjie te sterk vir my en ek gooi ekstra warm melk by. Pa sê: "Nee dankie kind, ek vat liewer bietjie rooibostee." Ma sluk die koffie effens langtand, maar sy hou haar pose. Die son skyn in deur die lang sitkamervenster met die smal strook kantgordyn wat Tante Corry gehekel het. Die groot antrasietkaggel verwarm die hele vertrek. Ek het die afgelope drie jaar tuisgeraak in Corry se huiskamer. Maar vandag is ons almal hartseer. Lies vertel hoe sy ure gewag het op Rome se lughawe: "Dit was so erg. Niemand wat my ken nie. Ek het so gehuil want ek het toe al geweet ek is te laat om hom te sien." Ek probeer om die gebewe van my onderlip onder beheer te kry. Ek kyk na Pa van wie ek hierdie neiging geërf het. Soos gewoonlik is Ma in beheer en sy vul die stilte. Sy sit haar arm om Tante Corry. "Ja, ek verstaan, mens voel so magteloos! Maar Corry, jy moet jouself goed oppas. Dit sal tyd neem om oor die skok van Gijs se dood te kom." Corry is bedrywig met Pa se rooibos. Êrens het sy nog 'n pakkie rooibostee wat sy spesiaal vir Afrikaanse besoekers koop.

Lies is maerder as ooit en daar is donker kringe onder haar oë. Ons stap uit na buite, oor die winter grasperk. Corry se rose staan gestroop teen die baksteenmuur. Die son is warm teen my skouers. Lies en ek stap voor en die families neem afskeid. "Dit was goed om my Tante Babs weer te sien," sê Lies. "Ek het haar vertel van ons plan om as groep Kaap toe te gaan om ons kraamopleiding te gaan doen. Die ding is, ek kan my moeder nie nou alleen in Edenburg los nie. Ek sal miskien later kan gaan, met die volgende inname van studente. Tante Babs het voorgestel dat ek jou vra om vir my te wag …"

Sy kyk na my. En sonder om te dink sê ek: "Ja natuurlik sal ek vir jou wag." Sonbesies. Die geroesemoes van stemme. Pa wat 'n praatjie aanknoop met Henk oor sy ou Nash wat nog so lekker vas op die pad lê. "Maar so nou en dan moet ek die ringe uitry."

My besluit om vir Lies te wag het my lewe verander. As ek saam met die res van die groep Kaap toe gegaan het, sou ek en Lies mekaar dalk nooit weer gesien het nie. Ek besef nou ek het my verbintenis aan die groter groep klasmaats verruil vir 'n verbintenis aan Lies. Het ek dit destyds besef? Ek kan nie onthou nie, maar ek onthou wel dat my antwoord spontaan was, sonder om na te dink of uitstel te vra. Waarop dui dit? Alreeds liefde? Nie bewustelik nie, maar die woord *verbintenis* bly opkom. En dis presies wat dit was; ek het tuis gevoel by Lies en by haar familie, en die feit dat my familie ook teenwoordig was, sê ook nogal iets. Dit was waarskynlik die eerste ontmoeting tussen die twee families en dit gee die verbintenis nog meer betekenis.

Hoe sou my lewe geloop het as ek daardie dag anders besluit het? Ek sou saam met die groep klasmaats Kaap toe gegaan het, en as Lies drie maande later gekom het, sou ons vriendskap waarskynlik verder verloop het, maar dalk op 'n ander vlak. Of dalk sou sy besluit het om in Bloemfontein nader aan haar moeder te bly en eindelik die lang donker man van haar drome ontmoet het en 'n paar kinders gehad het. En ek? Ek sou dalk ver gevorder het in die akademiese kant van verpleging en vandag êrens in Stellenbosch in 'n hoësekuriteit-aftreeoord met toesluitgarage gebly het. 'n Kat op my skoot en 'n balkontuin met potte vol malvas en kruie.

4

Distrik Ses

In 1966 begin ek my opleiding as vroedvrou by Peninsula Maternity Hospital in Constitutionstraat, Distrik Ses. Ek werk in Primrose Ward, die voorgeboorte saal, en alles is vreemd, so anders as in Bloemfontein se Nasionale Hospitaal. Die susters is almal Engels en ek vermoed hulle is reëlreg uit Engeland want hulle praat baie snaaks.

Vandag moet ek elke halfuur drie pasiënte se bloeddruk neem en stiptelik neerskryf. Hulle het pre-eklampsie en is swaar verdoof om die bloeddruk laag te probeer hou. Ek moet ook die fetale hartjies monitor met die swart toeter. Dis nie altyd maklik nie en ek leer nog om te onderskei wat ek hoor. Ek soek oral rond op die vroue se groot buike en is bang om hulle seer te maak. Dan bars die saal se dubbeldeure oop en die suster roep: "Quick, all student nurses! Go to Labour Ward to witness a birth!" Drie van ons los alles net so en die suster neem ons na die kraamsaal oorkant die gang.

Die helder lig verblind my eers en dan volg my oë die lig se fokuspunt op 'n vrou wat met haar knieë opgetrek wyd oopgespalk lê. Die vrou is jonk, seker nog jonger as twintig. Haar dik, swart hare sit natgesweet en vasgeplak teen haar gesig. Haar oë groot en angstig. Aan weerskante van haar staan 'n suster met handskoene en maskers. Daar is 'n groot geraas. Stemme praat deurmekaar. Ons beginners mag kyk, maar mag nie in die pad staan nie. Die hoofsuster gee heeltyd vir die ma instruksies: "Take a deep breath; breathe out now. Don't push! No, just pant now like a doggie!" Die vrou skep asem en iemand vee haar gesig af. Met die volgende geboortepyn mag sy eindelik druk en dit lyk of dit vir haar 'n groot verligting is. Haar perineum is tot die uiterste gespan soos die baba se koppie beur om uit te kom. Ek is verstom, want die opening is nog steeds niks groter as 'n muntstuk nie. Dan sien ek die eerste swart krulletjies van die baba. Die verpleegster vee die bloederige slym weg. Alles lyk groter as die lewe self onder die skerp ligte en tussen die groen doeke. Met die volgende kontraksie sê die suster: "Now!" Eers weer 'n diep asemhaling, mond toe en druk af. Ek sien hoe die swart slymerige koppie al hoe meer sigbaar raak, nou reeds so groot soos 'n tennisbal terwyl die moeder se vulvavel al hoe dunner rek. Alles gebeur nou vinnig. In 'n oogwink lig die suster die baba se blinknatlyfie met 'n boog omhoog en lê hom tussen sy ma se opgetrekte knieë op die groen lappe, weg van die bloed, slym en ontlasting. Sy ogies is nog toegeswel. Die moeder lag. Al die pyn reeds vergete, net pure blydskap toe die eerste skril skreeu weerklink bo die geroesemoes. "Dis 'n jongetjie!" skree een van die verpleegsters.

Ek kyk vir niemand nie. Hoop net hulle sien nie hoe ek huil nie. Oor die wonderwerk van geboorte en lewe. Oor ek skielik my ma liewer het as ooit tevore. Hoe het sy dit gedoen, deur so 'n klein gaatjie, sewe keer oor!? Daardie selfde aand skryf ek vir haar 'n brief om dankie te sê. "Ma," sê ek, "ek het nooit geweet dat geboorte so swaar is nie." Ek was haar eerste baba wat deur daardie intiemste kanaal gereis het.

....

"Nurse! Bring vi'ons ok 'n bybie!" Sy is skaars kniehoogte. Vlegseltjies staan wild om die koppie en sy dra nog haar pienk nagrokkie. Die distrikjeep is naby die Seven Steps geparkeer en ek stap al agter suster Hoogenhout aan met die leerkoffer vol verbande en instrumente. Dis my eerste dag as leerlingvroedvrou "op distrik" en ek voel vreemd in die kakie uniform en die blou Panama hoed wat net nie wil bo bly in die sterk Suidooster nie. Voor een van die ry-op-ry skakelhuise staan 'n groepie jong mans en rook. Hulle groet en beduie vir ons waar om in te gaan. "Die bybie is net hie' langsaan, Nursie." Die voordeur staan oop en ons stap binne. Ek ruik masala en jeera gemeng met 'n vreemde soet geur. Later sou ek uitvind dis meangstokkies wat mense brand om die slegte geeste weg te hou en terselfdertyd die huise se ergste mufreuk te maskeer. Ons pasiënt, Mevrou Mymoena Adams, lê op 'n dubbelbed met haar dagoud baba styf toegedraai in die blou kombersie langs haar op 'n kussing.

Ons is hier om seker te maak dat ma en baba gesond is; om te voel of die moeder se baarmoeder nog mooi saamgetrek is en of haar vaginale afskeiding normaal lyk en ruik. Enige tekens van bloed of etter is gevaarlik. Die afgelope twee maande het ek al hierdie dinge in die hospitaal en in die klas geleer, maar om dit hier te doen, hier op die lae dubbelbed in die intieme ruimte van mense se slaapkamer – dít raak my hart op 'n ander manier.

Terwyl ek besig is om Mymoena se baarmoeder en borste na te gaan, ondersoek Suster die baba. Sodra sy die kombersie aftrek begin hy kwaai protesteer. "Maar jy is 'n kwaai jongetjie, wat is jou naam?" Mymoena sê: "Nee Suster, hy't nog nie naam nie. Die Imam kom eers later vandag." Suster haal sy naelverband af, dep dit met brandspiritus en sê dit word baie mooi droog. Nou wag ons om te sien hoe die baba heg aan sy ma se bors. Mymoena glip haar vol bors uit, vee die tepel skoon met 'n waslap en die ongeduldige baba gryp hongerig na haar tepel. Dit is haar tweede baba en sy weet net hoe.

Ek kyk rond in die skemer kamer. Die bed is afgeskort met 'n gordyn waaragter nog twee beddens ingeprop is. Die hele familie deel die een kamer. Die huisreuke is so sterk dat ek onwillekeurig deur my mond begin asemhaal. "Het Nurse tyd vir 'n koppie tee? My Tietie het vars koesisters gemaak vir die

Sondag." Suster sê: "Ja dankie, maar ons sal moet sluk." Die tee is sterk en stroopsoet van 'n goeie skeut kondensmelk. Dit maak 'n vreemde lagie oor my tong, maar ek sluk sonder om te blik of te bloos; ek is nie verniet Ora se kind nie. Die koeksisters lyk en proe heel anders as my ma s'n. Amper soos doughnuts wat in klapper gerol is. Ons sluk vinnig en groet want daar wag nog baie pasiënte. As ons uitloop, hoor ek 'n vrouestem sing een van my ma se wiegeliedjies.

Slaap kindjie slaap.
Daar buite loop 'n skaap.
Skapie met witte voetjies
drink sy melk so soetjies.

En skielik, soos 'n smal skrefie lig in die pikdonker skiet dit my te binne en weet ek wat my so lankal pla. Hierdie mense is mos my mense. En apartheid is een groot liegstorie.

....

Speserygeure uit Peninsula Maternity Hospital se kombuis. Destyds kon die Moslem pasiënte se families kos saambring. Saam met die nuwe geure leer ek nuwe woorde; barishap en jeera. Ek ruik die sout, visserige seelug as die wind direk van die see se kant af inwaai. Dan is daar die reuke van geboorte; bloed, slym en ontlasting wanneer die moeder afbeur. 'n Baba kom die wêreld in bedek deur 'n taai wit beskermende laag wat Vernix genoem word. Dit lyk soos 'n dik, waterwerende salf. Die bloederige reuk van 'n plasenta wat versigtig weggedra word in 'n blink vlekvryestaalskottel. My werk is om elke plasenta af te spoel en te merk met die naam van die pasiënt. Later word dit noukeurig deur die suster ondersoek. Ek leer onderskei tussen die ryp reuke op distrik. Bedompige huise, die reuk van te veel mense ingeprop in klein vertrekke. Ouhuisreuke. Die gevoel van nie te kan asemhaal deur my neus nie. Ek leer om subtiele mondasemhaling te doen as die reuke onuithoudbaar word. Petroldampe in suster se jeep. Stuttafords Tea Room se deftige parfuumreuke. Toasted Copenhagens op 'n afdag op die balkon wat uitkyk oor Adderleystraat. Die skerp antiseptiese geur van denne in Pinelands se Forest Drive. Die Parade se geure; massas ryp vrugte, bokkoms, suurvytjies, samoesas, kaneel en kardemom. Die kenmerende straatreuke uit die stad se nou stegies. Riool en ou rommel.

Ons stap uit by die hospitaaldeure, af met die trappies waar die seun altyd sit en 'n liedjie sing vir die nurses. Ek is verwonderd oor die plek se sjarme. Ja, daar is krotte waarvan die koerant volgeskryf is; bouvallige huise wat skeef teenmekaar aanleun. Dit krioel hier van die lewe, van vroeg soggens tot diep in die nag is daar mense op straat. Dit is die stemme wat my die meeste aangryp. Die vroue by die kliniek se Afrikaans is anders as myne, maar ek kan alles verstaan. Ek raak lief vir 'n vrou wie se baba ek die eerste een is om in my hande te hou. Die lyfie is glibberig en nat, reg uit haar lyf. Ons kyk mekaar aan en daar is dadelik 'n band tussen ons. Direkte kontak nadat ek heelnag geluister het na haar baba se hartjie en haar rug gevryf het met elke geboortepyn. Deur die venster van Primrose Ward hoor ek die Imam roep die gelowiges tot gebed. Sodra dit lig is, kom die vrou se familie om te kyk na die baba. Die Imam is ook by om die klein jongetjie te seën. Haar ma bring vir haar 'n bord kos, netjies toegemaak met 'n deksel. Ek bêre dit solank in die kombuis. Die tante glimlag vir my. "Daar is genoeg brejani vir jou ook, Nursie." As ek die deksel lig in die saalkombuis kry ek die geur wat oral in Distrik Ses se strate hang. So dis wat dit is! Die speserye is nog onbekend vir my Vrystaatse neus waar my ma met Cartwrights se poeier kerrie gemaak het. Ek skep vir my bietjie uit op 'n piering. Rys, maalvleis, vreemde groen blaartjies en bruin lensies. Die smaak is effens vreemd, maar lekker. Nie te skerp nie, maar my hele mond voel lewendig. Veel later sou ek eers die speserye self leer ken en gebruik; barishap, komyn, steranys, borrie, gemmer, rissies, knoffel en danja. 'n Hele nuwe avontuur. En so leer ek om te ruik, te proe, te voel te luister wie die Kaapse mense is. Hulle klink baie soos my ma en haar susters wat in die Strand grootgeword het. Soos familie.

In hierdie tyd loop ek 'n boek raak wat my lewe sou verander. Jan Rabie se *Ons, die Afgod.* 'n Man klim in die bus en gaan sit agterin. "Dan gaan sit ek maar langs my broer." So begin die verhaal wat my vir die eerste keer laat wakkerskrik vir die wreedheid en absurditeit van apartheid. Was dit net die boek? Natuurlik nie. Teen die tyd het Lies en haar familie ook telkens laat blyk dat hulle die Nasionaliste se beleid maar vreemd vind. Maar ek het nog steeds hardkoppig gedink, hoewel ek dit nie dikwels hardop gesê het nie, dat hulle nie regtig weet waarvan hulle praat nie. Dit het Jan Rabie geneem om die skille van my oë te laat val. Om my skielik alles rondom my met nuwe oë te laat sien. Die werkers en die pasiënte; mense net soos ons, maar tweederangse burgers. Mense se sappige taal en kwinkslae, die kinders op straat, die pasgebore babas in broeikaste wat ek elke twee uur melk gee. Met sorg en liefde, want dit is ook my mense.

Dit is die jaar 1966; die jaar toe bulldozers die Distrik binne ry om mense se huise, die sogenaamde krotte, plat te vee en mense te verskuif na Godweet watter plek, slegs bekend as "Die Vlakte". Ek lees ook nou die *Cape Times* wat 'n totaal ander prentjie skets as *Die Burger.* Ek is honger vir meer kennis. En met hierdie nuwe bewussyn kom die skaamte. Vir die eerste keer is ek skaam vir my mense en vir wat hulle doen. Met die eerste vakansie huistoe, Welkom toe, praat ek met Ma. Ek is oortuig daarvan dat as sy kon sien en hoor wat ek ervaar het, sy ook sal besef dat ons politieke beleid 'n groot fout is. Ma luister stil na my, effens ongemaklik. Dan sê sy gerusstellend: "Ag nee my kind. Ons regering weet wat hulle doen, jy hoef jou nie daaroor te bekommer nie. Alles sal nog regkom." Nou skaam ek my nog boonop vir my eie familie, vir my skool en vir die geskiedenis waarmee alle Afrikaanse kinders volgeprop word. Ek het nogal 'n B in matriek gekry vir geskiedenis by Die Skim.

Hendrik Verwoerd is Eerste Minister en word op 6 September in die Parlement vermoor. Hoe gebeur bewuswording? In klein stappies, dink ek nou as ek terugkyk op my lewe – op die jong meisie wat met haar asmabors opgebeur het teen die steiltes van Distrik Ses, verwonderd oor die tafelkleed wat so borrel oor die berg. Alles was nuut vir my kleindorpse oë. Ook het ek vir die eerste keer met Engelse mense in aanraking gekom, verpleegsters en veral susters, baie van hulle uit Engeland. Aanvanklik was hulle stemme vir my skel en uitdagend totdat ek 'n paar van my kollegas beter leer ken het.

Die Kaapse jaar was 'n jaar van geboorte in meer as een opsig. Ek het geleer om 'n vroedvrou te wees en ek was ingedompel in die diep kant van die werklike lewe in Distrik Ses. Dit was wild en opwindend, maar daar was dinge wat my bang en vreemd laat voel het. So vreemd dat ek nie eers woorde of begrip gehad vir die vreemde gedrag van party susters nie. Daar was 'n paar vroue wat mansklere gedra het. Ek het groot geskrik toe 'n vrou met mansskoene en 'n mansbroek, 'n borselkop en 'n paar groot borste eendag ogies vir my gemaak het terwyl sy arm om die lyf verbystap met een van PMH se susters. Toe sy sien ek kyk vir haar, knipoog sy vir my. Ek het skaars geweet waar om te kyk en sommer vinnig omgedraai en teen iemand vasgeloop. 'n Kollega uit Bloemfontein wat reeds 'n paar jaar in die Kaap was, het my en Lies gewaarsku teen hierdie "mannetjies-vroumense". Sy het selfs gesê ons moet oppas vir hulle. Hulle? Ons is dalk soos hulle en die blote gedagte daaraan het my bang en skaam laat voel. Lies en ek was nog vriendinne, steeds saam in hierdie woelige waters, maar tog het hierdie gedagtes 'n stilte tussen ons gebring. Ons het die vrees beswer deur elke Sondag wat ons vry was die trein te neem vanaf Mutualstasie naby ons koshuis by Conradie Hospitaal na die Kaapse stasie. Vandaar het ons afgestap met Adderleystraat, deur die Tuine tot by die Dopperkerk in Hofstraat. Ons was vriendelik ontvang en het met oop gemoed geluister na Dominee Stavast.

Daar was baie Hollanders in die kerk en eendag het ons 'n Hollandse Suster van Siloam, die Gereformeerde Kerk se sendinghospitaal in Vendaland, ontmoet. Ek het gevoel hoe ek warm word van binne toe sy van haar werk vertel. Hoe sou dit wees om daar te werk? Terwyl ek na haar geluister het, het ek onmiddelik geweet dit is wat ek wil doen. Lies het besluit om liewer by haar moeder in Bloemfontein te gaan bly en daar te probeer werk kry.

Wie was daardie meisie? Sy was ernstig, veels te ernstig vir haar twee-en-twintig jaar. Byna onnatuurlik pligsgetrou en leergierig. Sy was ook fisies swak en het gereeld ernstige asma en brongitis gekry. Buintengewone inspanning het haar uitgeput, en dikwels moes sy veg teen die klein stemmetjie wat haar waarsku dat sy nie die regte beroep gekies het nie.

5

Geheime

*Eendag was daar 'n klein dogtertjie wat gewens het sy kon
Engels verstaan want haar ma en die tannie oorkant die
pad praat Engels en dan lag hulle vreeslik of soms huil
hulle en sy brand van verlange om te weet hoekom. Toe het
die dogtertjie met haar maatjie wat net sy kon sien, begin
praat. Zinn het onder die kombuistafel gewoon en hulle
twee het sommer hulle eie Engels opgemaak. Haar ma wou
weet met wie die dogtertjie praat. Eers wou sy niks sê nie,
want dit was net haar eie geheim, maar later het sy tog
vir haar ma vertel van Zinn. En haar ma het sowaar vir
almal vertel van Zinn. So het die dogtertjie geleer dat haar
geheime te kosbaar is om oor te vertel. Sy hou dit liewer vir
haarself of sy steek dit diep weg.*

⸻

Die trein na die noorde stop eindelik op Louis Trichardt.
Ek dra my twee koffers solank na die gang toe. Na Pretoria
is alles vir my nuut. Hoë bome, plat berge. Ongetemde
landskappe. Die vrou by my in die kompartement gaan
ook Louis Trichardt toe en sy wil weet waarnatoe ek op pad
is. "Siloam? Nooit van gehoor nie," sê sy, "Dis seker maar
êrens in Kafferland." Ek bly liewer stil. Dis darem een ding
wat my ma nooit geduld het nie, dat ons so praat van swart
mense. Dit reën buite toe die trein op Louis Trichardt stop. 'n

Klein modderige stasie met baie swart passasiers wat afklim. Tussen hulle sien ek 'n witman in 'n kortbroek geklee wat staan en rondkyk. Hy kom reguit op my af en steek sy hand uit. "Daan Taljaard. Is jy Hester van der Walt?" Hy laai my goed agter op 'n modderige bakkie en trek dit met 'n seil toe. Ek rek my bene om voor langs hom in te klim.

Niks in my drie-en-twintig jaar op aarde het my voorberei op die Vendaland van die 1960's nie. Die grondpad tussen Louis Trichardt en Siloam kronkel deur landskappe met groepies kleirondawels met grasdakke, onbekende bome en plantegroei, en klein lappies mielies en marog in die rooi grond. Alles was vreemd, maar die vreemdste was die mense in die landskap. Vroue slegs gekleed in lappe met blou en grys strepe wat oor een skouer geknoop is, sommige met kaal borste, die lap slegs om die heupe geknoop. Babas was op die rug geabba en kleuters het kaal rondgehardloop. Dit het gelyk of die vroue pakesels was; hulle het groot dragte hout en water in kleipotte en blikke op hulle koppe gedra. Ek het nog nooit tevore sulke blinkswart mense gesien nie. Hulle het vriendelik vir ons gewaai en gegroet. Skoolkinders het kaalvoet langs die pad gehardloop en hier en daar was daar 'n primitiewe skoolgeboutjie en 'n winkel met groot Coca Cola en Omo advertensies teen die muur. Op elke winkelstoep het ek 'n man sien sit en naaldwerk doen voor 'n naaimasjien. Na langer as 'n uur se ry, kom ons by 'n hek met reuse kleipotte wat die bestemming in afsonderlike letters uitspel: S I L O A M. 'n Oprylaning van hoë vlambome lei na 'n plein omring deur lae geboue, elk met 'n oordekte stoep. Die mure is bruin van onder, nes die area se grond. Vroue, mans en kinders stap oral rond geklee in blou hospitaalklere. Die volwassenes is meestal brandmaer met ingesakte wange en ek merk op dat baie van die kinders dik gesiggies en spykerbeentjies het. Kwashiorkor. Ek het dit tot op daardie oomblik slegs in 'n teksboekfoto gesien. Erge wanvoeding as gevolg van gebrek aan proteïne.

Ek kom oë tekort toe Daan my voorstel aan Dr Evert Helms en sy vrou Dr Leida Helms, Dr Piet Scheele en Suster Dith Glasbergen. Ek het onmiddellik aangetrokke gevoel tot Dith. Sy het donkerbruin oë en sy dra haar dik bruin hare opgesteek en daarop dra sy 'n kort veil. Sy straal van lewenslus en gesondheid en laat my dadelik welkom voel. Sy neem my na die sustershuis wat ek saam met Dith en Suster van Welie sal deel. Dit was 'n gewone huis met 'n kombuis, slaapkamers en 'n gemeenskaplike sit-, eet- en badkamer. Huislik ingerig. Suster van Welie was die matrone. 'n Streng figuur, terughoudend, so ongeveer laatdertig. Sy het my vertel dat ek in beheer sal wees van die kraamafdeling. "Dis nou jammer dat jy nog wag op jou vroedvrou-eksamensuitslae, maar gelukkig kom jy nou vars van die opleidingskool." My hart het wild gebons toe ek besef dat daar elke maand meer as honderd babas gebore word en dat ek ook verantwoordelik sou wees vir die voorgeboorteklinieke en die moeders en babas in die nageboortesaal.

As ek dink aan die tyd, wonder ek hoe ek so 'n groot verantwoordelikheid kon aanvaar. Sou ek kon weier? Was ek so begeesterd om van diens te wees? Al die susters en dokters was Nederlands. Hulle was hardwerkend en diensgerig. Wie was ek om nie my deel by te dra nie? Ek kon die dokter aan diens uitroep vir 'n noodgeval, maar snags was daar slegs een dokter aan diens vir die hele hospitaal en mens wou hulle sover moontlik laat rus. Ek onthou hoe ek diep in die nag nog gesit en lees het in my vertroude rooi teksboek van Maggie Myles. My redding was die twee staffnurses wat reeds jare in die saal gewerk het. Hulle het my die roetine geleer en ek het onmiddellik begin oefen om die allerbelangrikste frases in Tshivenda te sê: "Haal diep asem. Moenie druk nie. Druk nou! Ja, dis mooi. Dis 'n seun! Dis 'n meisie!" Die verpleegsters kon Engels praat, maar nie die pasiënte nie.

In die voorgeboortekliniek kon ek eerstehands kennis maak met die heersende vrouemodes in Vendaland. Ry op ry sit die verwagtende vroue en wag op hulle beurt om deur my en die staffnurse ondersoek te word. Party vroue sit op die grond in die skadu van die reuse vlambome. Hulle is kaalvoet. Net hulle bene is van die enkel tot net onder die knie bedek met ringe van draad en metaal. Die volgende vrou, Musekwa, gooi haar gestreepte skouerdoek oor haar kop, gooi dit dan oor die treklaken en gaan bo-op lê, kaal, behalwe vir die vierkantige klein gestreepte voorskootlappie wat haar vulva bedek. In die eerste maande werk ek met 'n tolk om sin te maak van elke vrou se geskiedenis. Ek neem weer haar bloeddruk, betas haar buik met vingers wat hoe langer hoe meer geoefend raak in die raakvoel en skat van die fetus se ontwikkeling en ligging. Ek maak nog 'n ontdekking toe ek Musekwa se geslagsdele wil ondersoek. Sy trek haar knieë op en die klein voorskootjie flap terug. Daar is geen broekie nie! Ek sien toe dat die stukkie dubbeld gevoude lap netjies hang oor 'n liesriem van krale. Musekwa staan op en lag breed toe sy hoor alles is reg. Sy gooi die lap oor haar linkerskouer en daar gaan sy weer, ewe elegant, met haar rinkelende enkelringe.

Kort na my aankoms op Siloam, het ek uitgevind dat daar nog 'n pos vir 'n suster is. Ek het gewonder of Lies nie dalk sou belangstel nie. Dit sou alles afhang van hoe dit nou met haar moeder gaan en of sy reeds werk gekry het in Bloemfontein. Ek het haar gemis en gereeld vir haar geskryf van Vendaland en my werk in die hospitaal. En natuurlik van al die Hollandse kollegas. Jare later moes ek uitvind dat Lies steeds een van daardie briewe gebêre het in haar beursie! My beskrywings van Siloam was glo so aantreklik dat sy dit nie kon weerstaan nie. Sy het aansoek gedoen vir die pos en 'n paar weke later was sy daar met haar moeder en Nico vir die onderhoud. Sy was nog effens onseker, maar die koeël was deur die kerk en Lies het die pos gekry en ingetrek in die sustershuis.

Ek het veel later eers besef hoe naïef my politieke bewussyn destyds was. Tot 'n mate was my besluit om Vendaland toe te gaan 'n keuse teen die soort apartheid wat ek in Distrik Ses en in Kaapstad ervaar het. Ek was salig onbewus van Verwoerd se apartheidsbeleid waarvan Bantoestans of sogenaamde tuislande juis die vernaamste boustene was. Geleidelik het ek begin agterkom hoe die groter prentjie inmekaarsteek. Vendaland was een van tien gebiede wat in 1962 geproklameer is as tuisland vir Venda-sprekende mense. Dit was veronderstel om mense die geleentheid te gee om hulleself te regeer en om hulle kultuur te bewaar, maar in werklikheid was die ware doel om swart mense die reg te ontneem om as Suid-Afrikaanse burgers land- en stemreg te bekom. Meeste van die mans het in die myne van die Witwatersrand gewerk en slegs eenmaal per jaar huistoe gekom. Destyds was Venda nog onder die Suid-Afrikaanse administrasie en alle groot besluite moes deur die Administrateur in Sibasa gaan.

Op 'n Sondagoggend het Dith graag haar Volkswagen met 'n mandjie toebroodjies en koffie gepak en saam met 'n paar jong skoolseuns uit die woongebied die berge ingery om by 'n afgeleë modderskooltjie te gaan Sondagskool hou. Die seuns het vir haar getolk terwyl sy 'n Bybelverhaal vertel, kompleet met prente op 'n viltbord. Lies en ek het beurte gemaak om saam te ry. Ons het gereeld die swart Gereformeerde kerk op Siloam bygewoon, maar eintlik was ons lidmate van die wit kerk op Louis Trichardt waar ons glad nie tuis gevoel het nie; maar eenmaal elke drie maande was die ouderlinge daar om te kom uitvind of ons gereed is vir die nagmaal.

Dit was al sterk skemer toe die twee broers, een ouderling en een diaken, aan die sustershuis se deur kom klop. Dith maak oop en verwelkom hulle. Sy bel die sale, en een vir een kom Lies en ek ook binne. Lies trek die gordyne toe en ons gaan sit in die sitkamer. Broer Venter, die ouderling maak sy keel senuweeagtig skoon. "Ek het verneem dat julle ook altyd die gordyne toemaak as hier swart mans kom kuier." Ons kyk hom verbaas aan. Wat sou die man tog bedoel? Toe kom die storie uit. Hulle het verneem dat ons te familiêr is met swart mense, en elke Sondag die veld inry met twee swart jongmans. "Dit het onder die aandag van die kerkraad gekom, en ons wil julle waarsku dat julle met vuur speel. Boonop stel julle die sendingwerk in gevaar." Ons is stomverbaas. Probeer verduidelik dat dit skoolseuns is wat vir ons tolk. Die atmosfeer is yskoud toe hulle vertrek.

Ons klim in die Volkswagen, huil van magtelose woede, en ry die veld in, net om weg te kom van die huis wat nie meer soos 'n tuiste voel nie, omdat ons dopgehou word deur vreemde oë.

·······

Ons kuier by Oupa en Ouma in die Strand. Ek hardloop onder die vyebome deur tot by Ouma se kombuis. Die hele familie sit op die stoep en koffie drink. Hulle praat almal gelyk. Hulle lag en beduie met hulle hande. Niemand sien my raak waar ek by die trappies staan nie. Toe ek omkyk staan hy daar; Johan, my oudste neef. Hy is baie lank want hy is al sestien. Ek is nog maar nege. Hy is so sterk dat hy ons sommer almal saam kan optel as ons speel. Vandag het hy net 'n hemp aan. 'n Lang hemp amper tot by sy knieë. Snaaks. Is dit al wat hy aan het, wonder ek. Ek steek my hand uit en versigtig lig ek sy hemp op. Net om te kyk. Skielik begin almal lag en hulle kyk vir my. "En wat maak jy sussie?" vra my oom Koos.

Ek kry so skaam dat ek sommer omdraai en weghardloop. Johan het ook gelag. Nou sal hy seker nooit meer met my speel nie.

My amper kinderlike konsepsie van sonde, vrees vir verwerping en nastrewe na die regte ding doen, was altyd deel van my wese.

·······

Kort na Lies se aankoms op Siloam vertrek Suster van Welie en Lies neem waar in haar plek as matrone. Die verantwoordelikheid van die hospitaal met al sy pasiënte en personeel weeg swaar op haar skouers en aand na aand luister ek na die probleme wat sy huistoe bring. Voorrade wat bestel is en nooit afgelewer is nie, dokters wat nie werklik verstaan hoe moeilik dit vir swakgeletterde verpleegsters is om hulle bevele in gebroke Engels in 'n sterk Hollandse tongval te begryp nie. Verpleegsters wat nalatig was en nou gedissiplineer moet word. Boonop werk ons in isolasie in 'n baie klein gemeenskap en is aangewese op kollegas vir vier-en-twintig uur per dag. Die week se hoogtepunt is Bybelstudie en Vendalesse op 'n Donderdagaand! Dit was belangrik om gereeld weg te gaan vir 'n paar dae om weer terug te kom met vars moed en toewyding. Ons het beurte gemaak om weg te gaan. Eers was ek saam met Dith vir twee weke Mosambiek toe.

Toe dit Lies se beurt is vir 'n wegbreek, gaan ek saam met haar St. Lucia toe. Ons bly in 'n primitiewe grasdak-rondawel op die strand, eet elke dag vis uit die see en stap lang ente langs die strand. Ons voel asof die hele wêreld aan ons behoort want daar is niemand anders in sig nie. As ons moeg word sprei ons die handdoeke oop onder die dennebome. So gaan die een perfekte dag na die ander verby. Soos die skaduwees rek raak dit koel onder die bome. Eendag moes ek aan die slaap geraak het, en toe ek wakker word lê ons teenmekaar, sy aan sy. Ek is intens bewus van die volle lengte van Lies se warm lyf teen my koeler vel. 'n Tinteling wat ek al so lank onderdruk, spoel soos 'n golf van goud deur my. Opwinding. Vreugde. Geluk. Alles tegelyk. Ek skuif weg van haar en draai my om. Haar oë is oop en sy kyk my reguit aan. Sy glimlag. Ek spring op, vou my handdoek vervaard op en trek my bloes aan oor my baaipak.

Daardie selfde aand steek daar 'n tropiese storm op. Die dakbalke kraak en ons ontdek dat die vensters nie dig is nie. Na die lig af is, kruip sy by my in die bed. Daardie nag hou ons mekaar styf vas. Ek slaap glad nie, maar ek verwonder my aan hierdie nuwe intieme wending in ons vriendskap. Is dit sonde? Ons gesels baie hieroor. Ons weet nie, maar iets wat so lekker is, moet seker maar sonde wees! Ons ken mekaar reeds vyf jaar as vriendinne en ons vertrou mekaar. Maar verliefdheid is 'n ander storie. Kan en mag twee vroue mekaar liefhê? Een ding is seker: niemand mag hiervan weet nie en ons belowe mekaar plegtig om ons nuutgevonde gevoelens geheim te hou.

In die weke en maande wat hierop volg, leer ons hoe moeilik dit is om hierdie geheim te bewaar. Op 'n dag gaan ek saam met 'n jong moeder teater toe vir 'n keisersnit. Lies werk as teatersuster saam met Piet Scheele wat vandag opereer. Vandag is Lies se oë 'n besondere helder blou wat lig uitstraal teen haar bruin vel. Haar oë skitter as sy na my kyk. Ons staan in die klein operasiesaal in Siloam. Ek voel hoe die bloed onder die masker warm opstyg in my wange en ek kyk vervaard weg. Is sy nou mal? Ons is nie alleen hier nie. Piet en Dith en Suster Makonde skarrel gelukkig almal om die pasiënt wat nog onder narkose is. Die keisersnit was 'n groot sukses. Lies assisteer vir Piet. Sy knyp die naalde behendig vas in sy pinset terwyl hy die wond heg, eers die onderhuidse weefsellae en dan heel laaste die vel. Ek fokus op die baba. Sy lyk gesond en ek teken haar Apgar telling aan as agt uit tien. My aandag is steeds by Lies. Ons sal moet oppas. Ek voel die roering van ons liefde deur my hele lyf. En ook die angs en skaamte. Wat gaan ons doen? Lies is veels te roekeloos. Besef sy nie hoe gevaarlik dit is om so na my te kyk nie?

Dit is nag. Die donker nag van afrekening. Lies en ek is op pad terug na Siloam waar ons die afgelope agt maande werk as verpleegsusters. Ons kan dit nie langer wegsteek vir onsself nie; ons is dolverlief opmekaar. En al wat ons vir seker weet is dat dit sonde is.

Lies parkeer die liggeel Cortina vlak voor die eerste van die vier stroompies waar die Maulumarivier die grondpad kruis.

Die motorvensters is oop en die tropiese nag omvou ons met 'n simfonie van klank. Paddas, krieke en veraf die ritmiese geraffel van tromme. 'n Digte mopanie woud groei langs die pad waar ons al dikwels kom piekniek hou het. Dis hoogsomer. Ons dra albei die nuwe minirokkies wat ons vanmiddag in Louis Trichardt gekoop het, hare met blou en wit strepies en myne oranje en wit.

"Ons moet nou besluit, voor ons oor die rivier gaan. Óf ons bly bymekaar, óf ons gaan uitmekaar en sien mekaar nooit weer nie," sê Lies. "Ons kan nie langer so aangaan nie."

Ons huil al heelpad van ons die middag weg is by die hotel waar ons die naweek gebly het. Ons begin weer sirkel deur die opsies; wie van ons gaan weg en waarheen? Of gaan ons altwee weg? Waarnatoe? Ek begin weer snik en frommel die nat sakdoek tussen my vingers op.

"Maar ek het jou lief! En hoe kan liefde sonde wees? Is Jesus dan nie Liefde nie? En ons maak mos niemand seer nie!"

Wie het dit gesê? Seker maar ek – ek het altyd meer gemaklik met die waarheid omgegaan as sy!

"Dan bly ons bymekaar net hier waar ons is! Ons sal wél 'n manier vind. Maar ons sal versigtig moet wees, want die mure het oë en orals skuil gevaar. Ons kan met niemand hieroor praat nie."

Vreugde en berusting. Vir nou. Troos. Ons ry deur al vier stroompies. Dan stop sy aan die anderkant en ons hou mekaar styf vas.

Dit was die jaar 1967. Ons het nooit enige beloftes gemaak nie maar na vyftig jaar is ons steeds bymekaar. Vir die Nou. My grootste skatte is nog steeds te kosbaar om ligtelik oor te praat. Maar die tye van bangwees en wegsteek is vir altyd verby.

6

Op reis

'n Sepiafoto. Dit is die jaar 1969. Ek sit op 'n groot koffer, dik jas aan en 'n wolserp om my nek. Ek is half aan die slaap na 'n rustelose nag op die trein van Trieste na Amsterdam. My voete is yskoud in die groot stewels. Om my die geroesemoes van mense op reis. 'n Geroep. Treine wat fluit. Verkeer. Die serp keer die ergste koue weg van my neus. Eindelik is ons in Holland! Dith kom ons haal. Ons is bly om haar weer te sien. Sy bondel ons in haar geel kewer. Ek verstom my aan die landskap; sien my eerste meule net buite Leiden. Rye gewelhuise in die polderland. Boerderye lyk klein en popperig. Ons ry regs om sirkels. Alles is beknop. Almal is op pad na hulle bestemming, vir hulle is dit 'n gewone werksdag. Net ons is swerwers, alreeds vir meer as 'n maand op reis per boot en trein.

Dit voel soos 'n ewigheid vandat ons weg is uit Bloemfontein in ons ligte somersklere. Toe die bootrit op die Italiaanse *Africa*. Ek was die eerste paar dae baie seesiek en toe dit verby was het ek gesukkel met die asma en eindelik beland in die skeepshospitaal waar die Italiaanse dokter my glad nie kon verstaan nie. Gelukkig is asma 'n internasionale taal en my bors het weer oopgetrek. Op wankelrige bene kon ek selfs by Las Palmas vlugtig van boord gaan. Daarna het ons aangedoen by die hawens van Brindisi en Venesië. Droomstede wat ek slegs in 'n waas ervaar het. Ek was angstig. Sal ek dit oorleef? Is ek sterk geoeg? Was dit 'n groot fout om so ver te reis? Ek het soos 'n oorlas gevoel vir Lies wat my geduldig getroos en versorg het.

In Alphen aan de Rijn het Dith 'n klein woonstel in die wykgebou waar sy werk as gemeenskapsverpleegster. Sy het in die kelder vir ons beddens opgemaak. Ons dra ons koffers af na die skemer vertrek wat die gebou se lugreëling huisves. Dith het dit gesellig ingerig met 'n mat en skemerlampe en selfs 'n bossie tulpe. Bo teen die muur is 'n venster waar mens die straat buite kan sien as jy op jou tone staan.

Daardie eerste aand daal ons af na die kelderkamer. Eindelik is ons alleen. Lies kom kruip by my in en ons hou mekaar vas. Bo ons koppe hoor ons nog Dith se voetstappe. Skielik is daar 'n harde slag op die trap en Lies vlieg op en spring terug in haar eie bed. Die geheimhouding is al so deel van ons lewe saam. Gesteelde tyd waarvan niemand mag weet nie. 'n Skelm verhouding. Nie omdat ons iemand verkul nie, maar omdat ons bang is om iemand te skok, om aanstoot te gee, om verwerp of verstoot te word! Die angs is diep gewortel. In ons harte weet ons nou al minstens drie jaar dat ons liefde nie verkeerd is nie, maar ons is nog steeds te bang om iemand in ons vertroue te neem.

As ek terugkyk na hierdie tyd besef ek dat daar destyds groepe in Nederland moes wees waar mense soos ons tuis sou voel, waar ons sou kon praat oor ons verhoudng. Wat vir my die meeste uitstaan is juis die oopheid en eerlikheid waarmee die Hollanders met mekaar omgegaan het. Dit het my dikwels geskok. Hulle praat oor alles, niks is taboe nie. Oor die televisie en radio was daar gesprekke oor geloof en politiek. Mense het gewaag om ou waarhede te bevraagteken. Niks skyn onaan-tasbaar te wees nie. My mond het letterlik oopgehang. Maar liefde tussen vroue? Daaroor het ek niks gehoor nie. En, om eerlik te wees, as ek iets sou hoor sou ek waarskynlik 'n myl gehardloop het!

Onder aansporing van Dith het ons vir Esau du Plessis ontmoet, die hoof-organiseerder van die *Boycot Outspan* beweging. Hy was aktief in die Anti-Apartheidsbeweging in Nederland. Hy het ons ontvang in sy huis in Leiden. 'n Bruinman uit die Kaap wat na jare se gedwonge verblyf in Europa, Afrikaans met 'n Nederlandse aksent praat. Hy was bitter en sinies oor die Suid-Afrikaanse politiek. Ek het aangevoel dat hy ons wantrou en uittoets. En hoe naïef was ek nie destyds nie! Hy het hardop gelag toe hy hoor dat ons in Venda gaan werk het om weg te kom van apartheid. "Wat? Dit is juis 'n Bantoestan wat deur die wit meesters geskep is om apartheid in stand te hou!" Ek het my kop laat sak. "Ja, maar dit het ek eers uitgevind toe ek daar was. Nie uit boeke of koerante nie, maar uit my eie ervaring van die mense wat sterf aan tuberkulose. Selfs kinders wat sterf aan gastro-enteritis en kwashiorkor."

Die lewe is soos daardie spel waar blokkies regop langsmekaar gerangskik word in lang rye en patrone. Elke blokkie leun effens teen die een voor hom. Bewussyn is die ligte tikkie wat die eerste blokkie aanraak. Dit is so lig soos 'n vars idee wat 'n ou onbevraagtekende idee laat wankel. Sodra een blokkie kantel en teen sy maatjie voor hom stamp, begin al die blokkkies een na die ander te val. Die nuwe idee-blokkies staan ook weer netjies in gelid totdat hulle ook weer getoets word aan 'n vars vlaag bewussyn.

Van my eerste gesprekke met Esau onthou ek my wanhoop oor my wit vel en my Afrikanerherkoms wat ek soos 'n soort skandkleed ronddra. Vlak onder sy bitter woorde kon ek hoor hoe hy verlang om huistoe te gaan. Ek kon môre gaan; hy kon eers gaan as die politieke bestel verander. Na die rewolusie. Vir die eerste keer het ek begin dink oor die moontlikheid van 'n rewolusie. Ek het geleer om vryheidsliedere te sing saam met 'n groep in Holland. Spaanse, Portugese en ook Xhosa liedere.

Nóg 'n domino blokkie wat in die buiteland gekantel het, is my gereformeerde geloofsbeginsels. Lies en ek het gedurende die jaar op 'n kort toer na Israel gegaan saam met 'n groep

Hollanders. Ons het al die toeristebestemmings soos Jerusalem, Jerigo, die Dooie See en Betlehem besoek. Ons het dikwels gesels met twee Katolieke priesters wat ook op die toer was. By een of ander ruïne waar argeoloë geskrifte en artefakte ontdek het, het ek 'n opmerking gemaak oor die ontstaan en die ouderdom van die wêreld. Die twee broeders het my ongelowig aangekyk. "Glo jy dit letterlik? Dat die aarde in sewe dae geskep is?" Ek het geknik en gevra: "Wat glo julle dan?" "Het jy al ooit van evolusie gehoor?" Daarna het ek verwoed begin lees oor evolusie en al die debatte daar rondom. Nog 'n denkraampie in my kop het oopgeskuif. Destyds was die Nederlandse koerante vol nuus oor nuwe teologiese denke oor geloof. Ek het menings gelees wat aansluit by my reeds wankelende geloof in erfsonde. "Is die dood regtig 'n straf?" vra een teoloog. Wat sou gebeur as almal altyd sou bly lewe? Nee, die dood is deel van die lewenssiklus! My honger gees het die nuwe idees opgeslurp en nuwe wêrelde het voor my oopgegaan.

Na 'n jaar in Europa het ons teruggevlieg Bloemfontein toe. Ons planne was vaag, maar Lies het gevoel sy behoort naby haar moeder te bly. Ons het beplan om psigiatriese verpleegkunde te studeer en 'n woonstel in Bloemfontein te kry.

Na die jaar in Nederland waar ek geleer het van die vryheid van spraak, en die durf om te lewe, het ons begin soek na 'n verpleegkursus in Bloemfontein. Ons het voorloping by Lies se moeder in haar ruim woonstel gewoon. Tante Corry was reeds ingeburger hier na haar vertrek uit Edenburg. Sy was so bly om haar dogter weer te sien. Teenoor my was sy baie hartlik op 'n bruuske soort manier. Ek het dit maar toegeskryf aan Hollandse nugterheid, maar ek het tog gewonder of sy nie liewer alleen met Lies wil wees nie. Tante Corry het binne 'n paar maande 'n gesellige tuiste geskep. Rooi malvas buite op die balkon, en binne het trosse pienk begonias van die boekrak af gerank. Die swaar art deco-leunstoele en -buffet en die tafel waar ons drie maal per dag aangesit het. Lies het gereeld op haar pa se orrel gespeel. *Hou u my hande beide, met krag omvat.* Uit die tyd onthou ek die geredekawel tussen Lies en haar moeder. Natuurlik oor politiek. Dit was die jaar 1970 en Strydom was aan bewind. In Nederland het ons nagte om gesels met anti-apartheidsdenkers en -aktiviste. Esau du Plessis van die *Boycot Outspan* beweging het ons gevul met idees oor vryheid en broederskap. Rondom ons het ons nou vir Bloemfontein gesien met sy wit woonbuurte en "ousies" wat vroeg soggens van die busse afklim en laatmiddag weer vertrek met 'n plastieksak van die Mies. Alles wat voorheen onsigbaar was, het nou 'n onheilspellende nuwe kleur gekry. Ek het magteloos en gefrustreerd gevoel tydens die gesprekke met Tante Corry. Ek het geweet dat sy en selfs ons min daaraan kon doen, maar ek was nogtans vasberade om nie stil te bly nie. Maar mens moet weet waar en wanneer om jou nuutgevonde waarhede te verkondig. Tante Corry het genoeg kwessies van haar eie gehad om te hanteer. Na 'n week of twee se futiele soektog in Bloemfontein het ons besluit om in die Kaap te soek na vakatures vir opleiding.

Lies staan in die gang voor die kapstok met die groot grys telefoon in haar hand. Sy skakel navrae en kry eindelik Rooikruis Kinderhospitaal se nommer. Ons weet net dit is in Rondebosch, ook maar 'n vae begrip. Lies draai die nommer, vra om met die matrone te praat en gee dan dadelik die telefoon vir my. "Hulle praat net Engels en sy kan nie my aksent verstaan nie."

Ek kry 'n vrou aan die lyn wat haarself voorstel as Miss McMasters.

"Do you still have vacancies on your paediatric course for two nurses?"

"Yes. We are qualified and we have completed midwifery."

Sy verduidelik dat hulle volgende kursus eers oor drie maande begin, maar dat ons solank in die hospitaal kan kom werk om gewoond te word aan die roetines.

"Wanneer kan ons begin?" vra ek.

"Immediately. When can you start?"

My hart kop woes. "We can be there in three days," hoor ek myself sê. Al wat sy soek is ons name, so desperaat is sy vir personeel, en ja, ons kan in die Nurses' Home bly.

Binne 'n dag koop Lies met die hulp van haar swaer 'n wit tweedehandse Volkswagen Fastback. En daar ry ons, die vryheid tegemoet, weg uit die benouende, voorstedelike Bloemfontein.

7

'n Tuiste in die Moederstad

Het ons deurgery of oornag êrens geslaap? Dit was 'n span-nende reis. Lies was destyds die enigste bestuurder en sy was ongewoond aan die motor. Alles kon nog gaan, maar om in Kaapstad met sy snelweë te bestuur was 'n groot uitdaging. Ek sit met die padkaart – ek wat altyd sukkel met rigting en met links en regs – en sy raak paniekerig. Ons vra die pad by 'n garage en hou eindelik voor die imposante moderne gebou stil. Dit is reeds vyfuur en Matrone se kantoor is toe. Iemand neem ons langs 'n ompad na die Nurses' Home. Op die sesde vloer kry ons elkeen 'n kamer aan die einde van 'n lang, skemer gang met deure aan weerskante. Elke kamer se nommer begin met 6. In die middel van die gang is die badkamer en toilette. Ons kry elkeen 'n sleutel. Die koshuismoeder, 'n oud-verpleegster, steeds in haar blou uniform met sykouse en hofskoene laat ons inteken en gee ons elkeen 'n stel reëls; besoekers mag slegs in die grondvloer sitkamer ontvang word. Geen kos in die kamers. Ontbyt is om ses voormiddag in die eetsaal.

"And oh yes, before you go, remember pets are strictly forbidden."

Ek sien sy kyk venynig deur die venster. Buite in die tuin stap 'n dame in uniform met 'n poedel aan 'n lyn. Ek besef dit is 'n klein vroue koninkrykie met sy eie klein vetes en oorwinnings.

Die blou katoendeken is in die hoek gemerk: CPA. Cape Provincial Administration. Ek vou dit terug oor die voetenend van die enkelbed en kruip doodmoeg tussen die stywe wit CPA lakens. Onwennig soos 'n hospitaalbed. Die Suidooster ruk aan die vensterrame. Ek ruik die seelug. Haal diep asem en besef ons is weer in die Kaap. Tok tok, tok tok tok teen die muur bo my kop. Warmte, vreugde en herkenning stroom deur my lyf. Ek kom orent en klop terug. Tok tok, tok tok tok. Dan volg 'n staccato van kloppe wat ek weer beantwoord in kode. Dit kan enigiets beteken, maar in my hart weet ek sy sê: "Dis vreemd ek weet, maar ons sal ook hierdeur kom. Ek is lief vir jou."

Cartwright Mansions op Groentemarkplein is een van daardie mooi ou geboue. Ek was nog nooit in so 'n klein hokkie van 'n hysbak nie. Gelukkig sit hier 'n masjinis wat die koper knoppe beheer. In plaas van 'n deur skuif 'n swaar ysterhek met groot gekletter toe en ons beweeg rukkerig boontoe. Ek knyp my handsak met die dubbele huurgeld styf onder my arm. Ek sien my profiel in die groot spieël. 'n Outydse meisie in 'n sepia portret. Ernstige smal gesig en donker oë nes my voormoeders op ou foto's in my ma se huis. Op die derde vloer skuif die hek weer oop en ek soek gang af na nommer 351, die eiendomsagent se kantoor. Dit gaan eindelik gebeur – ons eie huis! Ek is opgewonde en terselfdertyd bang om 'n fout te maak want Lies moes vandag werk en ek moet eiehandig die transaksie deurhaak.

Die agent is 'n groot man in sy vyftigs. Rooi gesig en 'n nek wat bult bo sy stywe das. In my beste Engels verduidelik ek dat ek kom teken het vir die woonstel in Camp Ground Road Rondebosch. Die een wat in vanoggend se *Times* geadverteer is.

"No Miss. That one is gone already," sê hy doodluiters. My wêreld tuimel inmekaar. Alles voel net te erg. Die vooruitsig om eindelik 'n plek van ons eie te hê en weg te kom uit die koshuis waar jy nooit privaat kan wees nie. Na soveel vryheid die vorige jaar in Holland voel dit soos 'n tronk. Tot my eie afgryse begin my onderlip bewe en net daar begin ek voor die wildvreemde man huil. Hy is onthuts. Maak verskoning, haal selfs sy sakdoek uit.

"I'm so sorry my girl, but there was someone before you." Onbeholpe skuif hy papiere rond op sy vol lessenaar. Ek wil verskoning maak vir my gedrag, kry 'n nat tissue in my sak. Hy kyk weer na my. "Wait a minute, I have something else in that area." Hy gee my 'n adres in Rosebank. Liesbeek Road West. 'n Lig gaan op. Ek weet Liesbeek is naby aan die hospitaal want ons ry altyd daar verby. "Go and have a look. It has just come onto my list." Ek voel sommer lus om die man te omhels.

En so word Trelawney nommer 10 ons eerste egte tuiste. Die drieverdiepingblok dateer uit die vyftigs, pure beton en staal. Die ou Joodse dame van nommer twaalf steek dadelik haar kop buite die deur en loer deur die staalhek om seker te maak dis nie ongewenstes nie. Sy grom in haar baard. Ek groet op my vriendelikste, tog te dankbaar om hier te kan wees en nie meer in die Nurses' Home nie. Lies het my baie geterg en vir almal vertel ons het die plek gekry omdat ek gehuil het. 'n Tweeslaapkamer woonstel op die tweede vloer van 'n kleinerige blok. Binne loopafstand van Rookruis Kinderhospitaal oor die Rondebosch Meent. Die geld was min maar ons het kreatief te werk gegaan en elke sent omgedraai. In Soutrivier het ons beddens van roudennehout, 'n eetkamertafel en vier stoele gekry. Skuimrubberkussings en -matrasse het ons volgens grootte laat sny in Woodstock. By OK Bazaars het ons 'n donkerbruin eetstel en eetgerei gekoop. Om vir die eerste keer 'n tafeldoek oor ons eie tafel te gooi en op 'n Sondagoggend die tradisionele Hoogendoorn-gesinsontbyt te eet was 'n ritueel: die eenvoud vanself; gekookte eiers, growwwe brood, kaas en konfyt en 'n koppie tee.

Ons verwag vandag ons eerste besoekers en ons is so gereed as kan wees. Die enigste meubels, die twee beddens is met hulle langkante teen die sitkamer se mure geskuif vir sitplek. Met geweefde dekens en 'n paar bont kussings teen die muur lyk dit heel skaflik. Die koppies en teegoed staan reg op die tafel. Verlede Sondag by die kerk het Ouderling Venter kom kennis maak met die nuwe intrekkers in sy wyk en 'n afspraak gemaak om ons te besoek: "Veral natuurlik met die oog op die nagmaal volgende week. Ek sal ook vir Broer Duvenhage, die wyk se diaken, saambring."

Lies maak die deur oop vir die twee mans en lei hulle deur die smal gang binne. Broer Venter stel Broer Duvenhage formeel voor: "Dit is nou Suster van der Walt en Suster Hoogendoorn." "Noem my sommer Lies."

Dan sien Broer Venter die beddens en kyk vinnig in die rondte. "Het julle dan nie 'n sitkamer nie?" vra hy verskrik. Ek moet my glimlag wegsteek terwyl Lies verduidelik dat ons die beddens voorlopig ook as sitplek gebruik. Sou die man nou werklik bang wees dat ons hom verlei! Hulle gaan sit op die eetkamerstoele. Broer Venter sien die koppies en sê vinnig: "Ons het ongelukkig nie vandag tyd vir tee nie, suster. Ons moet nog heelwat mense besoek voor dit te laat word."

Die ouderling lees 'n paar Bybelverse oor naasteliefde. Vra dan of ons die vrymoedigheid het om nagmaal te gebruik, dit wil sê, het ons dalk sonde gepleeg teen 'n medebroeder of -suster wat in die pad sou staan? Hy lyk baie verlig as ons hom verseker dat ons niks het om te bieg nie. Vir 'n oomblik is dit stil in die kamer. In die woonstel bokant ons roep 'n moeder na haar kinders wat buite op die teerblad speel. Deur die venster spoel die someraand se laaste lig. Broer Venter skuif ongemaklik rond. Sy swaar lyf soek rusplek op die harde dennestoel.

"Daar is nog iets. Ek het opgelet dat julle nie hoed dra kerktoe nie. Dit is nou eenmaal so dat vrouens in ons kerk moet hoede dra. Dis deel van ons tradisie." Hy kyk onder- soekend na my en Lies.

Ons swyg. Die horlosie slaan sewe. Sy gesig word rooi en hy maak sy keel skoon. Ek kies my woorde versigtig.

"Ek wonder hoekom mense so onverdraagsaam is teenoor almal wat nie presies maak soos hulle nie?" Ek sluk voor ek verder gaan. "Is dit ook die tradisie dat daar net witmense in ons kerk kom? Wat sal julle daarvan dink as ek my bruin vriende saambring kerktoe. Sal hulle welkom wees?"

Ons kyk alvier na buite waar die viskar se horing die stilte verbreek. Byna asof ons verlig is oor die afleiding.

Dan val Broer Venter se oog op 'n groot afdruk teen die muur langs hom. Tretchikoff se twee blinkswart penniefluitjiespelers. Hy kyk vinnig weg, afkeurend. Hy bêre sy Bybel in sy aktetas en sê dan heftig: "Nee kyk, julle neem dinge darem nou gans te ver. Die Woord sê nou wel dat jy jou naaste moet liefhê soos jouself, maar dit beteken jy moet jouself eerste liefhê. Wat julle nou wil doen stuur mos af op selfvernietiging!"

Ons kyk na mekaar, sê niks. Lies trek haar skouers op. Buite lag spelende kinders. Die man staan op en sluit sy aktetas met besliste gebare. Ons stap solank vooruit. Ons groet om die beurt met die hand. Formeel.

Die volgende oomblik is daar 'n klop aan die voordeur. Die twee verskrikte mans staan eenkant en wag terwyl ons kollega Bee Lubelwane my laggend groet en hartlik omhels.

En dit was min of meer die begin van die einde van ons lidmaatskap van die Gereformeerde Kerk. Nee, die kerk het ons nie geskors nie; ons het self ons lidmaatskap opgesê. Gedurende die vroeë sewentigerjare het ons betrokke geraak by Beyers Naudé se Christian Institute wat destyds kantore gehad het in Mowbray net langs die stasie. Ek onthou die lewendige debatte oor wat dit beteken om Christen te wees in hierdie land, in die negentien-sewentigs. 'n Baken wat helder uitstaan uit daardie tyd is Clive McBride, 'n flambojante bruin Anglikaanse priester. Hy was gefassineer deur ons, twee wit Afrikaanse meisies op soek na reg en geregtigheid en oortuig daarvan dat apartheid verkeerd is. Ek onthou lang gesprekke met hom in sy sitkamer in Factreton, 'n arm woonbuurt naby Maitland. Hy was self op 'n eenmanmissie om harte aan te raak en denke te beïnvloed. Hy het op sy vrye Maandae 'n mandjie met toebroodjies en koffie ingepak en vroeg die pad Stellenbosh toe gevat met die voorneme om studente rylopers op te laai en 'n gesprek met hulle te begin. Ek kan my voorstel dat studente redelik maklik by die welsprekende, rojale man sou inklim en sou val vir sy sjarme. As jy nog jou hele lewe net onderdanige bruin bediendes meegemaak het, was Clive definitief 'n openbaring! En soos die gesprek vorder, sou hy dalk stop vir koffie uit die fles en 'n broodjie, sagkens raak aan die politiek van die dag, hulle sou telefoonnommers uitruil, en ooreenkom om 'n groep van sy vriende te ontmoet vir 'n verdere gesprek en 'n besoek aan sy gemeente in Factreton. Clive het ons aangemoedig om in die kerk te bly en soos suurdeeg te werk. Maar dit het nie so uitgewerk nie. Die laaste strooi was 'n huisbesoek deur die dominee self. Hy was duidelik raadop met die rebelse susters wat net nie wil ophou vrae stel nie.

"Kyk," het hy eindelik raadop gesê, "as julle dan met swart mans wil trou, gaan dan maar Swaziland toe. Daar word dit wél toegelaat!"

Stomgeslaan het ons na hom gekyk en probeer verduidelik dat trou nie ons dryfveer is nie. Kort daarna het ek 'n brief vir die kerkraad geskryf en bedank as lidmaat van die kerk. Lies het dieselfde gedoen. Ons het nooit enige antwoord hierop gekry nie. Selfs die lidmate wat aanvanklik vriendelik was teenoor ons het alle kontak verbreek en selfs op straat nie eers gegroet nie. Ek dink hulle was maar net te bly dat ons weg is.

Die Christian Institute in Mowbray was 'n byenes van aktiwiteit. Die ou huis was opgedeel in 'n menigte ruimtes, elk met sy eie doel. In een kamer het die Black Sash Advice Office berading gedoen vir swart mense wat in 'n oorlewingstryd gewikkel was met die Bantoe-administrasie vir hulle reg om in Kaapstad te woon en te werk. Theo Kotze was die hoof van die CI en ons het vir hom en sy vrou leer ken by gereelde vergaderings wat in die biblioteek gehou was. Ek het hier 'n wonderlike bont versameling mense ontmoet. Ons het kennis gemaak met die Kwakers soos June Humphrey en die Katolieke (ja, daardie rooi gevaar teen wie ons as kinders altyd so gewaarsku was). Ek onthou veral vir Barbara Versveld met haar groot gesin en haar man Marthinus, geliefde skrywer en filosoof. Studente van die universiteite van Kaapstad en Weskaapland het ook kom kers opsteek by hierdie plek van lig midde in 'n donker depressie van politieke onmag. Die gesprekke het altyd gedraai om wat ons kan doen om deel te wees van die oplossing, hoe ons kan help om inligting te versprei om mense bewus te maak. Ons was veral aangetrokke tot die Morawiërs – jonk en oopkop, Bruin en Afrikaanssprekend. Robbie Krige en Frits Faro het ons genooi na hulle Saterdag-gesprekke by die Morawiese Kerk se seminarie in Distrik Ses. Distrik Ses?! Bly daar dan nog mense? Ek was dan so hartseer en geskok om die kaal kolle teen Tafelberg se hange te sien waar ek tien jaar gelede soveel lief en leed beleef het tydens my kraamopleiding.

Ons ry op met Constitutionstraat. Hier staan nog 'n moskee, omring deur opslag fynbos. Die teerpad is vol gate en oral waai die Suidooster rommel rond. Die enigste geboue wat die staat nie platgestoot het nie, is die kerke. Lies parkeer die motor voor die mooi ou Viktoriaanse kerk met bygeboue. Langsaan in 'n ou oorgroeide tuin met hoë palmbome is die Morawiese seminarie waar studente opgelei word as leraars in die kerk. Ons het reeds vir Wolfgang Schäfer by die CI ontmoet en hy omhels ons hartlik. Hy is 'n Duitser wat reeds 'n goeie mondvol Kaapse Afrikaans by sy studente geleer het. Sy blou oë tel vuur op soos hy warm word oor die onderwerp van die dag: die teologie van bevryding in Suid-Amerika, Noord-Amerika en nou hier, by ons. Die Saterdagbesprekings is oop vir almal wat belangstel en wat hierdie idees wil gebruik om sin te maak van ons alledaagse lewe. Die gesprek is lewendig en informeel. Artikels word gekopieër op 'n reuse ou fotostaatmasjien wat kort-kort breek en gedokter moet word. Ek leer van Bultman en die verligte Europese denkers, van 'n nuwe verstaan van Jesus en die betekenis van sy lewe vir vertrapte mense van vandag. Kameraadskap groei met die bekers poeierkoffie, dik snye brood en appelkooskonfyt. Die atmosfeer is gemoedelik. Ek sien Lies se oë straal. Ons het huistoe gekom. Na 'n tuiste buite die kerk.

In 1976 slaan die staat toe teen al die organisasies en aktiviste wat nog gewaag het om te protesteer teen apartheid. Die Chistelike Instituut word verban en Beyers Naudé word onder huisarres geplaas. Baie mense word sonder verhoor aangehou en gemartel. In die tyd het ek besef dat donkerte baie skakerings het en steeds kan verdonker. Biko was reeds 'n bekende naam, maar 'n paar van ons Morawiese vriende het ook nou meer aktief geraak in die Swart Bewussynsbeweging en het oornag begin om ons te vermy. Nou besef ek dat dit 'n natuurlike en nodige uitlaatklep was vir hulle gevoelens van woede, maar destyds het ek dit ervaar as nog 'n pynlike verwerping.

⁘

Lies bestuur die Volkswagen Fastback. Langs haar sit Edith, haar sogenaamde co-driver wat nie self kan bestuur nie. Sally en ek sit agter met die koelboks, slaapsakke en kussings tussen ons. Op die dakrak is ons nuwe tent en vier koffers. Die Januarieson gooi lang skaduwees oor die Karookoppe. "Kyk, daar is die eerste van die Drie Susters," vertel ek opgewonde vir ons twee passasiers wat nog nooit hierlangs gery het nie. Ons is vroeg vanoggend uit die Kaap nadat ons vir Sally en Edith in Elsiesrivier gaan oplaai het. Ons mag nie meer as 80 kilometer per uur ry nie want daar is brandstofbeperkings. Almal is stil na die dag se vrolike stemming. Dit raak laat en ons moet 'n plek kry om uit te kamp vir die nag; ons heel eerste nag in 'n tent.

"Dis dalk beter om net af te trek en sommer hier langs die pad te slaap," se Edith huiwerig. Haar vingers vee versigtig oor haar lang hare soos altyd wanneer sy senuweeagtig is. Ons ry verby 'n plaasheining met 'n uithangbord: *Akkommodasie. Een Kilometer.* Lies ry stadiger. "Kom ons gaan net uitvind," sê ek, dapperder as wat ek voel. Ons draai in by die hek. Die plaaspad gooi 'n wye draai. Daar is 'n populierbos en wilgerbome langs 'n mooi dam. Groen gras. 'n Ideale plek om te kampeer. Lies en ek stap na die huis en twee rifrughonde kom ons stertswaaiend tegemoet saam met 'n man en vrou in hulle veertigs. Sy haal haar voorskoot af terwyl ek vra of ons vir die nag kan kampeer langs die dam.

"Maar hoekom wil julle kampeer?" vra sy verbaas. "Ons het gerieflike kamers in die huis en julle is meer as welkom." Ek gooi net wal: "Nee Mevrou, ons kampeer liewer en ons het alles wat ons nodig het, ons soek net 'n staanplekkie." "Nou maar goed, dan moet julle maar so maak," sê die man met 'n glimlag.

Ons huppel byna terug. Sally en Edith het al die tent afgehaal. Sally kap 'n ui en braai dit met tamaties op ons nuwe gasprimus. Ons geniet die groen rustigheid na die dag se gedreun van die grootpad. Dis nogal 'n gesukkel om die tent op te slaan, maar eindelik slaan Edith voldaan die laaste paar penne in. Die grond is gelukkig klam hier naby die dam. Lies is besig om die slaapsakke oop te vou toe ons stemme hoor. Meneer en Mevrou Botha. "Ek sien julle is al ingerig. As julle vars water wil hê, moet julle net kom haal in die kombuis." Hulle stap weer weg. Ons kyk vir mekaar. Sê niks nie maar ons voel dankbaar. "Sien julle nou, alles gaan goed," sê Lies. Sally se smoortjie ruik heerlik en ek sny die brood.

Net toe ons begin eet kom die Bothas weer terug, hierdie keer vergesel van 'n opgeskote seun en dogter. Hulle lyk anders. Rooi in die gesig. "Hoe durf julle met Hotnots op my grond kom slaap! Ek gee julle net vyf minute om op te pak en pad te gee."

'n Tortelduif koer. Ek skrik so, ek kan geen woord uitkry nie. Hulle draai om en stap weg. Die kinders kyk om en lag. Trane stroom oor my wange maar daar is nie tyd vir huil nie. Ons gooi vinnig alles terug in die motor. Hoe het ons dit vanoggend alles ingepas? Sally troos my teen haar kort, stewige lyf. "Ag toemaar, moenie so huil nie. Ons is gewoond daaraan!" Edith beaam alles wat Sally sê, maar ek kan sien hoe sy bewe. Toe ons ry maak Meneer Botha die hek agter ons toe. Sy gesig is strak toe hy nader kom. "So twintig kilometer verder is 'n Griek. Hy sal miskien vir julle plek gee."

Toe dit donker word trek Lies af by 'n piekniekplek langs die grootpad. Ons maak onsself so gerieflik as moontlik om die nag in die motor te slaap. Hoog bo die Drie Susters en die vier susters hang 'n sekelmaan.

Die volgende dag ry ons Bloemfontein toe. Die plan is om die naweek by Tante Corry, Lies se moeder, te bly. Ek voel nie meer so kordaat soos die vorige dag nie. Enigiets is moontlik. Was ons tóg te voortvarend om te dink ons kan saam gaan vakansie hou? Die week vantevore het Sally en Edith ons vertel dat hulle nog nooit verder as Bainskloof naby Wellington was nie. Alle vakansieoorde, hotelle en selfs kampeerplekke was gemerk met die gehate "Slegs vir Blankes" borde. Dit was vir ons vanselfsprekend om hulle saam te nooi op ons toer na Siloam in Venda. Ons was destyds kollegas by die Rooikruis Kinderhospitaal en het al vier die kursus in kinderverpleging gedoen. Dieselfde eenjaardiploma in aparte klasse. Elke lektor moes dieselfde lesings twee maal aanbied vir twee klein groepe van nie meer as twaalf studente elk nie. Een groep wit, die ander bruin. Maar die praktiese opleiding was in die hospitaal waar alle studente daagliks met dieselfde kinders gewerk het. Dit was daar in een van die sale waar ek eerste vir Sally ontmoet het. 'n Paar jaar ouer as ek, kort, effens mollig met 'n sonnige geaardheid. Sy het veel meer ervaring as ek gehad en het my geleer hoe om die verbande los te week van die lyfie van 'n erg verbrande kind terwyl sy aanhoudend rustig gesels het met klein Roedewaan. Sy was die moederlike tipe, voete stewig op die aarde. Sy het geweet wat swaarkry is, het ek later ontdek toe ek haar groot familie ontmoet het in hulle bouvallige huis in Elsiesrivier naby groot fabrieke en doringdraadversperrings. Haar inkomste moes almal van kos en skoolgeld voorsien. Edith Nelson was anders. Ondanks haar Engelse van was sy 'n Oosterse skoonheid. Lang swart hare, groot oë en 'n tenger lyf. Sy was meer ingetoë en privaat. Ons wou haar by haar huis gaan oplaai, maar sy het soos gewoonlik verkies om ons by Sally se plek te ontmoet met haar bagasie vir die trip. Die twee het mekaar goed geken en het jare lank saamgewerk in die kindersaal by Conradie Hospitaal.

Om vyfuur arriveer ons by Tante Corry se woonstel op die eerste vloer in voorstedelike Bloemfontein. Sy groet ons hartlik en slaag daarin om enige moontlike verbasing oor die kleur van ons vriendinne goed te verberg. Twintig minute later arriveer Lies se suster wat net twee blokke verder woon met haar jong gesin. Sy bring twee ekstra matrasse vir die kuiergaste en is natuurlik gretig om haar suster te kom groet. Nadat Lies se suster weg is, maak ons die vloerbeddens op en Tante Corry maak haar beroemde tamatiesoep met klein *balletjes gehakt* (frikkadelletjies) warm. Sy stap gang toe om die telefoon te antwoord en vra my om die soep dop te hou. Ek voel aan dat sy gespanne is as sy vir Lies telefoon,toe roep. Hulle stemme is eers sag maar geleidelik raak Lies se stem al hoe driftiger en ek gaan nader. Lies se suster het vir Tante Corry gewaarsku dat sy diep in die moeilikheid kan kom as die bure haar sou verkla dat sy nie-blankes huisves. Nou is sy bang en onseker. Sê nou die polisie kom en sit haar uit haar woonstel? Lies is woedend vir haar suster. Wat nou? Die Drie Sustersdebakel van gisteraand speel deur my kop. Sally en Edith is stil en onseker. 'n Hotel is buite die kwessie. Daar is baie duur hotelle in die groot stede wat bruin en swart besoekende staatsmanne huisves, maar niks in Bloemfontein nie. Maar dit is Saterdag en ons kan nie oor die naweek veel verder ry met die kwart tenk brandstof nie. Teen die tyd is Tante Corry in trane. Sy wring haar hande saam. Sy wat almal altyd so hartlik ontvang, weet nou ook nie raad nie. Dan sê sy vasberade: "Wat ookal gebeur, mens moet driemaal per dag goed eet. Julle kan nou nie meer verder ry nie, so julle bly vannag gewoon hier." Ons gaan sit aan haar eikehouttafel met die groot ronde pote en sy skep die warm rooi sop in haar mooi diep borde op. Ons maak ons oë toe vir die gebruiklike stil tafelgebed. Sally vul die stilte: "Vader seën die ete, laat ons nimmer u vergete."

Onder die ete neem ek 'n besluit. Welkom, waar my ouers woon, was nooit deel van ons vakansieroete nie, maar ek gaan my ma bel en vra of ons die naweek daar kan oorbly. Dit is vir my moeilik. Ons vermy die afgelope tyd alle politieke gesprekke nadat sy my duidelik laat verstaan het dat ons regering weet wat hulle doen. Ek weet sy stem nog vir die Nasionale Party.

Sy is verras om my stem te hoor. "Hester is dit jy? Dis nou 'n verrassing!" Ons bel mekaar nie gereeld nie, maar ek probeer om so dikwels as moontlik te skryf. Dan effens onseker, met die aanvoeling van 'n moeder: "Is alles reg?" Haar stem is besorg en roer die klein kind in my. Tot my ontsteltenis beef my onderlip so dat ek skaars 'n woord kan uitkry. En toe borrel dit uit: "Ma, ons is in Bloemfontein, maar ons wil graag môre deurkom Welkom toe." "Maar natuurlik my kind. Julle kan sommer in Stefaans se kamer slaap. Hy is op nagdiens."

Ek huiwer. Ek weet dat alle ou sekerhede nou twyfelagtig geword het. Selfs die vanselfsprekende handelinge soos 'n toilet gebruik by 'n vulstasie is nou glad nie meer normaal nie. Jou vriende word weggewys en jy nie. Ek weet nou eers hoe dit voel om nie welkom te wees nie, om weggejaag te word. Ek snik saggies. Sommer openlik. Ek wat alles sal doen om my ware gevoelens vir Ma weg te steek. Dan kry ek die woorde uit: "Ma moet luister. Daar is nog twee vriendinne by ons. Ons werk saam met hulle by die hospitaal. Hulle is … bruin … kleurlinge …" Ek sê die gehate woord. Ek besef nou dat mens dinge liewer duidelik moet uitspel. Daar is stilte aan die anderkant.

Dan, na wat soos 'n ewigheid voel sê sy: "Hester, jy weet jou broer Hendrik sê altyd vir my – ag Ma moenie worrie wat ander mense van jou dink of sê nie, vergeet van hulle. Ons sal 'n plan maak my kind. Kom gerus!" Ek snik al hoe harder. Van dankbaarheid. Warmte. Trots. Alles deurmekaar. "Ons het 'n tent Ma. Ons kan dit in die agterplaas opslaan."

En so bly ons die res van die naweek in my ouers se huurhuis. 'n Mynhuis, Mitchellstraat nommer nege. Ma staan al op die stoep met my suster Anetha, 'n tiener van vyftien, om ons in te wag. Sy druk my styf vas en fluister: "Pa het gesê julle bly nie in 'n tent nie; ons sal dit nie toelaat nie!"

Die aanvanklike vreemdheid verander binne minute in 'n gemaklike gekorswil. Dis mos Kaapse mense en my ma voel dadelik tuis by hulle. Binne die eerste halfuur gesels Sally en Anetha oor make up en Sally pluk sommer Anetha se wenkbroue om ontslae te raak van 'n paar weerbarstige haartjies. Dit is gesellig. Ricoffy en Ma se vleispasteitjies. Ek voel 'n las van my skouers val. Nooit sal ek my weer skaam vir my familie nie. Ek het altyd gedink die Nederlanders is polities so verlig en my familie so agterlik, maar ek weet nou daar is 'n verskil tussen woorde en dade.

Noudat ek terugkyk na daardie tyd, nou dat ons land 'n grondwet het wat menseregte beskerm, tref dit my hoe die tirannie van destyds ons almal besmet het. Almal was doods-benoud om 'n voet verkeerd te sit, om een of ander wet te oortree. Niemand kon mekaar meer vertrou en spontaan wees nie. Lies se suster, as immigrant, het self bedreig gevoel, en so ook die boeremense van Drie Susters. Sodra jy iemand van sy burgerregte ontneem, ontneem jy almal.

... mag daar altyd mense wees
Wat mekaar sonder skaamte in
die oë kan kyk –
want die lewe is 'n asem lank
en die sterre op die Anderplek donker –

– Breyten Breytenbach

In 1976 toe die eerste slierte traangas deur die Kaapse strate begin dwarrel gee Trelawney Nommer 10 'n tydelike tuiste vir vriende wat nie huistoe durf gaan nie. Vir almal was daar lêplek. Die bure is ongemaklik met die oop huis en een oggend klop twee polisiemanne aan. "Ons hoor hier is moeilikheid." Ek glimlag so vriendelik as moontlik. "Dis seker maar 'n vals alarm Meneer. Alles is reg hier." In die kamer langsaan begin Nthambeleni dadelik sy koffer pak. Hy weet dis tyd om weg te kom uit Kaapstad.

8
Die Vlakte

Die verbandkamer wat ek vroeg vanoggend so keurig voorberei het met pakke steriele verbande en skoon linne oor die beddens lyk al hoe meer na 'n oorlogstoneel. Die afvaldromme is propvol vuil gaasverbande en lekkergoedpapiere. Selfs die skerp ontsmettingsreuk van Savlon en seep by die wasbakke kan nie die reuk van armoede keer nie; ou sweet en sokkies, die muf en sigaretrook wat kleef aan truie en baadjies. Die laaste kind het oor die vloer gekots en die werkers maak dit al mopperend skoon. "Kan die vroumens nie haar kind toilet toe gevat hettie?"

Dis Maandag, altyd 'n besige dag by Heideveld Daghospitaal. Die gange sit vol gepak met ry op ry mense wat wag om die dokters of verpleegsters te sien. Kinders begin oor en weer met mekaar speel. Vroue ruil nuus en raad uit maar almal luister vir die roer van die waters, oftewel die groot oomblik wanneer jou naam eindelik uitgeroep word. Die klerk kom gang af met 'n stapel groen lêers in haar een hand. Sy roep skril: "Gadidja Abrahams, ek sê, Gadidja A-bra-hams! Johannes Barends, Johannes Barends! Sarah September! Samuel van Wyk!" Samuel is 'n smal seun. Die linkerkant van sy kop is kaalgeskeer en sy groot, donker oë kyk verskrik rond in die verbandkamer. Op sy lêer sien ek hy is dertien jaar oud. Om sy regterarm is 'n lomp verband wat hy angsvallig vashou. Dit lyk soos 'n babadoek. Ek laat sit hom op die stoel en praat saggies om sy vertroue te wen: "Wat het gebeur, Samuel?" "Ek is gestiek, Nurse," vertel hy toe ek die lap af het en die oppervlakkige wond in die dikvleis van sy boarm goed kan bekyk. Ek was die wond versigtig met 'n flou soutoplossing. Dit brand, en sy oë skiet vol trane. Hy sluk hulle weg en vee sy oë af met die agterkant van sy gesonde hand. Sy grys skoolbroek en skoene is netjies. Hy is net 'n kind, skiet dit deur my kop en vra hom uit oor skool. Hy begin net bietjie ontspan toe my kollega hom raaksien.

"Ja jy!" sê sy skerp. "Dis oor julle so blerrie stout is dat dié goete gebeur! Wa't jy die naweek rondgeloop? Jy moes vandag in die skool gewees het, en nou sit jy hier om ons tyd te mors. Môre is jy self 'n gangster as jy so aangaan!"

Samuel krimp inmekaar soos een wat gewoond is om te koes vir houe wat sy kant toe kom. Hoe meer sy skel, hoe sagter praat ek met Samuel. Ek wil hom teen my vashou om hom te beskerm teen haar uitbarsting maar ek voel weer die ou onmag in my opstoot.

Hoe het ek in daardie verbandkamer beland? As ek nou terugdink aan daardie tyd, kan ek sien hoe ek steeds nuwe werkskeuses gemaak het met die hoop dat ek 'n verskil sou kon maak in mense se swaarkry. Bewuswording is 'n lang en geleidelike proses, en ek begryp nou dat ek my laat lei het deur 'n hele reeks van insigte. Na 'n paar jaar by Rooikruis Kinderhospitaal het ek besef dat die verbrande en ontwaterde kinders wat ons daar behandel, voortdurend terugkom met dieselfde voorkombare "siektes". In 1974 het ek my werk bedank, en op eie koste vir een jaar by die Kaapse Tegnikon 'n diploma gedoen in gemeenskapsgesondheid. Ek hou my lyf student en ry elke dag met die trein stad toe. Stap oor die bont Parade, verby die statige ou Stadsaal tot in die klaskamer waar ek onverwags 'n geesgenoot ontdek het. Jootje Monnik was my dosent. Sy was van Nederlandse afkoms en het jare vir die Wêreldgesondheidsorganisasie gewerk in Indië en Indonesië. Sy was 'n vrye gees, haar tyd ver vooruit en 'n vars bries in die dikwels verkrampte geledere van hoër opleiding in verpleegkunde. Onder haar leiding het ek kreatiewe navorsing gedoen en entoesiasties geraak oor die vooruitsig om in die gemeenskap te gaan werk.

In 1975 het ek by die Daghospitale begin werk. Die organisasie, onder bestuur van die provinsie, het bestaan uit sewentien hospitale versprei oor die hele Skiereiland. Hulle doel was om toeganklike primêre gesondheidsorg te lewer naby die woon- en werksplekke van mense met 'n lae inkomste.

Dalk moet ek hier eers iets sê oor my verhouding met my verpleegkollegas. Ek het vroeg al, reeds in die eerste maande van my opleiding as verpleegster, besef dat ek op een of ander manier sal moet inpas as ek wil oorleef in verpleging. Ek was anders; sagter, meer sensitief, of, soos ek nou dink, dalk meer in voeling met die basiese sagte hart waarmee ons almal gebore is. En anders was nie noodwendig beter nie! Sekerlik nie in 'n beroep waar daar druk op verpleegsters is om steeds meer werk in te pas in elke agt of twaalf uur skof nie. Geen wonder dat jong, idealistiese vroue vroeg al deur hulle senior kollegas gesosialiseer word om minder te *voel* en vinniger te *doen*! Daarom ook dat die werkslading vroeg in die twintigste eeu al opgebreek is in spesifieke take – in 'n hanteerbare, dog dodelike roetine wat die verpleegster toelaat om die pasiënt se sorg in hanteerbare take op te deel. Die hele saal se dertig pasiënte se wondversorging of inspuitings word byvoorbeeld vanaf 9.00 tot 10.00 deur een verpleegster gedoen. Hierdie sisteem is die teenoorgestelde van holistiese sorg, naamlik dat 'n verpleegster verantwoordelik is vir die totale sorg van vyf of ses pasiënte. Taakoriëntasie kom alreeds uit die tyd van die industriële rewolusie se sogenaamde *conveyor belt*-benadering en het onbewustelik daartoe bygedra dat die versorger emosioneel afstomp en minder betrokke raak by die mens aan wie die wond behoort.

Die Daghospitale was potensieel plekke van heling en van opvoeding. Die personeel het na die pasiënte se woongebiede gekom en elke dag op pad werktoe gesien hoe die mense bly in die oorvol "fletse", elkeen afgemerk deur bende-grafitti en lyne vol wasgoed. Gesien waar die kinders in die strate speel en die werklose mans op elke hoek staan en rook. Hoe kon dokters, verpleegsters, klerke en selfs skoonmakers nogtans dikwels so hard en skynbaar gevoelloos optree teenoor die mense wat na hulle toe kom vir hulp? Al wat ek kon doen, was om my sagte kant te wys en te hoop dat dit 'n verskil sou maak. Kollegas het verskillend gereageer op my andersheid; soms het hulle selfs ruwer opgetree teenoor die pasiënt, en soms net weggeloop. Hulle het ook oor my geskinder. Ek onthou 'n insident vroeg in my loopbaan toe ek in my vrye tyd 'n pasiënt in die saal besoek het, net om te sien hoe dit met haar gaan en haar moed in te praat. Die suster in bevel het my geroep en my goed laat verstaan dat my besoek nie welkom is nie, want sy wil nie hê dat verpleegsters "te betrokke" moet raak by hulle pasiënte nie.

Ondanks die uiterlike houding van "hierdie mense is maar so gemaak en so gelaat staan" van my meestal skeptiese kollegas, het ek en Virginia Meyer eendag tydens 'n stil tyd net voor Kersfees met 'n paar kinders wat verveeld in die tuin rondgehang het begin speel. Daar het die idee van 'n gesondheidsklub ontstaan en die Sunshine Club is gebore. Ons het tandeborsels uitgedeel en die kinders spelenderwyse met liedjies geleer hoe om korrek te borsel. Gedurende die tyd was daar 'n scabies-epidemie in die woonbuurt, en in die skole. Ons is genooi om met die skoolkinders en onderwysers te gaan gesels. Op die wysie van *Hey Fatty Boom Boom*, 'n treffer uit daardie tyd, het ons nuwe woorde gemaak en lekker saamgesing:

> *Hei stoute scabies ons is nie bang nie, hei stoute scabies*
> *jy gaan my nie vang nie. Ons jeuk en ons krap en ons*
> *kannie langer wag, die sere word groter en groter.*

En dan die refrein:

> *Met seep en water was ons elke dag, komberse hang*
> *buite op 'n sonnige dag. Die Daghospitaal het medisyne.*
> *Hei stoute scabies jy gaan my nie vang nie!*

Binnekort het ons 'n hele repertorium opgebou van liedjies en selfs bordspeletjies oor die taai tandjie en groeikosse. Ek het ook ontdek dat daar orals robyne onder die stof is. Dikwels ongeslyp, soos Nancy Geach, die Daghospitale se Engelstalige hoofmatrone. 'n Plat-op-die-aarde vrou, en iemand wat nooit statig gelyk het in haar veels te stywe donkerblou crimplene uniform nie. Sy het niks van daardie kenmerkende stywe matrone-houding gehad nie. Sy het my en Virginia aangemoedig om elke dag vir 'n paar uur "health education" te doen – tot groot ontsteltenis en afguns van 'n paar kollegas wat soiets definitief nie as "werk" beskou het nie. Ons het begin met allerlei nuwe klubs; een vir die groot aantal mense met hoë bloeddruk en een vir diabetiese pasiënte, asook 'n toegewyde netwerk vir ondervoede kinders en hulle moeders. Die pasiënte het die persoonlike aandag geniet en alle kinders speel graag. Ons het begin om self inligtingsmateriaal te maak. In daardie tyd was alle amptelike pamflette en plakkate in ontoeganklike taal en boonop vervelig en kleurloos.

Tuis het ek by Lies aangekom met lang verhale oor hierdie nuwe wending in my werk en sy het my gehelp met die ontwerp van materiale. Destyds het sy nog in Rooikruis Kinderhospitaal se operasiekamer gewerk en die werk het sy tol begin eis. Sy het slegs pasiënte gesien wat onder narkose is, en het begin verlang na iets meer vervullends. Toe Virgina op studieverlof vertrek, het Lies by my aangesluit in die Health Education Unit. Dit was die begin van 'n kreatiewe saamwerkperiode. Ons het saam 'n poppeteater begin en binnekort was Abie Scabie een van die gewildste hoofkarakters. Dokter John Smith, die Superintendent, was ons grootste ondersteuner en hy het voorgestel dat ons al sewentien Daghospitale moet besoek en die personeel oplei in voorligtingsvaardighede. Dit was 'n dilemma, want eintlik is elke kontak tussen pasiënt en personeel 'n geleentheid om te luister en die nodige onderrig te gee. Besige wagkamers waar mense gespanne wag op hulle beurt is eintlik glad nie geskikte plekke om na didaktiese lesings te luister nie. En so het ons begin met werksessies vir personeel om idees uit te ruil oor hoe om met pasiënte te kommunikeer. Die groepsessies het bekend gestaan as Communication Workshops en het die ruimte geskep vir kollegas om oor hulle frustrasies te praat en mekaar te ondersteun. Ons het die sessies begin deur met hulle te gesels oor die sosiale en ekonomiese oorsake van die siektes wat hulle meestal mee te make het by die hospitale, oor die armoede rondom ons en ons verhoudings met die pasiënte. Destyds was ons sterk beïnvloed deur die werk van Paolo Freire, die Brasiliaanse opvoedkundige, wat visuele stimuli gebruik het as kodes om mense nuut na hulle alledaagse werklikheid te laat kyk. Stadig, baie stadig, het ons hulle vertroue gewen en hulle geïnspireer met wat hulle moontlik kon doen. Na die eerste paar jaar het ons 'n netwerk susters in elke sentrum gehad vir wie ons gereeld besoek het en voorsien het van onderrigmateriaal.

·······

Mevrou Samuels het haar hande vol. Op haar regterarm dra sy haar baba van nege maande en aan die ander hand trek sy haar dogtertjie wat ek so twee jaar skat; 'n tingerige kind. Pure ogies en stywe vlegseltjies. In die plastieksak is die res van haar besittings vir 'n dag se uitstappie by Heideveld Daghospitaal. Dokter Daya het hulle na ons verwys vir berading en vir die Nutrition Clinic. Ek sit twee stoele reg en maak spasie op die tafel waar Lies besig is om 'n plakkaat oor te trek met plastiek. Dit is haar beurt om die onderhoud met Mevrou Samuels te doen. Ons het afgespreek om beurte te maak met berading. Een van ons gaan stilweg haar gang agter in die werkkamer maar luister terselfdetyd in sodat ons later vir mekaar kan terugvoer gee. Toe Lies haar gesprek begin kom ek agter dat klein Evelyn al vier jaar oud is. Haar toestand staan bekend as "stunted growth" en dui op ernstige kroniese ondervoeding. Dit is glad nie ongewoon nie want ongeveer 'n derde van die kinders in hierdie omgewing is ondergewig vir hulle ouderdom. Tot op agtien maande word hulle deur die klinieksusters gemoni-

tor, maar sodra hulle al hulle immunisasie gekry het, val hulle deur die net en raak kronies ondergewig en vatbaar vir al wat 'n siekte is. Mevrou Samuels beloof om volgende week na die Nutrition Clinic toe te kom.

Die volgende Dinsdagmiddag is Mevrou Samuels met haar baba en klein Evelyn by die Nutrition Clinic. Hier word elke kind se gewig gemonitor, maar die hoofdoel is om op 'n ligte speelwyse die moeders te ondersteun en hulle aan te moedig om mekaar raad te gee oor die voeding van hulle gesinne. Ons verskaf verrykte melkpoeier wat die versorgers kan meng met die daaglikse pap. Dan leer ons vir die kinders 'n aksieliedjie oor proteïene.

Kom ons sing saam van groeikosse
Daar is vyf wat van die plante af kom
Dis die ertjies ertjies
dis die lensies lensies
dis die boontjies boontjies
en die grondboontjies.

Kom ons sing saam van groeikosse
Daar is vier wat van die diere af kom
Dis die eiers eiers
dis die melk melk
dis die vis die vis
die vleis ja ja.

Die kleintjies tel elke groeikos af op hulle vingertjies en die ma's kyk trots na hulle kinders wat so oulik saamsing. Op hierdie manier leer die moeders saam sonder om te voel dat hulle gefaal het. As die handpoppe te voorskyn kom is daar groot opwinding. Mense ken net die poppe op die televisie, maar het nooit besef dat mense die poppe kan laat leef en praat nie.

Lies en ek het in hierdie tyd ontdek dat ons uitstekend as 'n span kan saamwerk. Ons werk dikwels met groepe en na die tyd gee ons mekaar terugvoer. Baie eerlik. "Toe jy gesê het ons kan aangaan na die volgende punt, was jy te vinnig, want die skaam Gladys het juis al haar moed bymekaargeskraap om iets te sê!" Lies het foto's geneem en ons het saamgewerk aan die tekste vir oudiovisuele programme met pasiëntvoorligting. In plaas van die Departement van Gesondheid se formele en ontoepaslike materiaal, het ons kleurvolle plakkate en pamflette gemaak om boodskappe oor te dra in die mense se eie sappige Afrikaanse idioom.

Dit was die laat sewentigerjare. Die susters het ons gevra om ook te werk met die klerke wat die pasiënte toelaat tot elke hospitaal. Dit was altyd 'n area vol konflik. Mense word gevra vir inligting oor hulle inkomste en vir 'n bydrae tot die minimumfooi. Daarna word lêers opgespoor, of nuut uitgemaak, en mense word in rye geplaas om te wag, dikwels vir lang ure. Indien die pasiëntkwota vir die aantal dokters reeds vol is, en die kwaal nie te ernstig is nie, word mense gevra om die volgende dag terug te kom. Tydens ons werksessies met klerke het dit geblyk dat hulle onder groot druk werk. Hulle rapporteer direk aan die hospitaal administrateur en nie aan die matrone of mediese superintendent nie. In alle gesondheidsdienste is daar tradisioneel konflik oor leierskap en beheer tussen die administrasie en die mediese en verpleeghoofde. Aan die einde van die werksessie het ons voorgestel dat die klerke 'n lys maak van hulle probleme asook hulle voorstelle vir verbetering. Saam met ons verslag oor die werk het ons 'n afdruk van die klerke se dokument na Dr John Smith en die administrateur gestuur.

Twee dae later het die bom gebars. 'n Oproep van hoofkantoor. Staak alle verdere werksessies met klerke. Gedurende dieselfde week word Dr John Smith en Matrone Nancy Geach verskuif, sogenaamd oorgeplaas uit die Daghospitaalorganisasie. Dr Smith na Conradie Hospitaal en Miss Geach na Groote Schuur. Broederbond? Wie sal weet?

Tydens die week wat hierop volg word Lies en ek ingeroep deur die nuwe matrone en opdrag gegee om voorlopig al die kommunikasie-werksessies te staak. Dit is nooit in soveel woorde uitgespel nie, maar ek het begryp dat ons dopgehou sou word vir enige tekens van dui op die "opstoking van personeel". Dit was die einde van 'n era waarin ons vrygelaat was om self die fokus van ons werk te bepaal. Daardie ruimte was altyd broos ,omdat dit soos 'n ballon net bokant 'n muur met ysterpenne gesweef het. Elke krakie van vryheid was destyds skaars en kosbaar en die Staat se tentakels het oral uitgesprei in die vorm van luistervinke en verklikkers.

Tydens die vier jaar by die Daghospitale het ek deeltyds by die Universiteit van Kaapstad begin studeer. Laatmiddae na werk ry ek verby ons huis in Observatory en neem die afdraai na UK. My hart bons van afwagting. Ek het al voorheen klasse bygewoon by die Somerskool, maar nou het ek ingeskryf vir 'n Hoër Diploma in Volwasse-onderrig. Eindelik is ek dus tog 'n universiteitstudent! Hoe sal dit wees? Sal ek kan bybly of sal die standaard te hoog wees? Dit alles maal deur my kop toe ek die verhewe poorte van geleerdheid hoog teen die hange van Tafelberg binnery. Die ou baksteengeboue half toegerank met jare se klimop. Is dit wat hulle bedoel met Ivy League? Steil trappe en imposante pilare. Mooi jong studente, ten spyte van hulle verbleikte jeans en noukeurige pogings om so verslons as moontlik te lyk. In die lesingsaal wag Professor Clive Millar, Tony Morphet en Tony Saddington, vir wie ek alreeds ken uit die Christian Institute-jare en sy betrokkenheid by ons Daghospitaal se groepsessies. Clive Millar vertel dat dit UCT se eerste Diploma in Adult Education is en dat ons groep van twintig geskiedenis maak. Die studente is 'n mengelmoes, almal aktief betrokke by onderrig en ontwikkelingswerk, meestal by nie-regeringsorganisasies soos Early Learning Research Unit, Grassroots Education Trust en vakbonde. Ek is die enigste verpleegster maar ek voel dadelik tuis. Sommige mense is ouer as ek en almal is effens senuweeagtig vir die akademie, maar sien tog uit na die uitdagings.

Hierdie Maandag- en Donderdagaandklasse word soos bakens langs die pad van 'n nuwe avontuur. Ek slurp die teorie hongerig op en maak dit my eie. Ek kry bevestiging van insigte wat ek reeds self ervaar het in die praktyk. Ondanks my aanvanklike onsekerheid, geniet ek die opdragte en kry goeie terugvoer oor my werk. Dit is dus waar; ons is nie leë houers nie, ons is reeds vol van ons eie, dikwels ongetoetste teorieë! Ons werk in klein groepe en leer mekaar ken. Elkeen se troetelteorie word met die nodige respek aangehoor en dan ontrafel en uitgedaag. Nie maklik nie, maar altyd interessant. Die gesprekke draai onvermydelik om die politiek van die dag en ons voer openlik debat oor die beperkings op vrye spraak.

Een Maandag sal ek nooit vergeet nie. Clive Millar is duidelik ontsteld. "One of our students, Marian Jacobs, has left the course. She is convinced that there's an informer in our midst." Hy gee die woord aan Tony Morphet. Geen name word genoem nie. Dit is nie nodig nie. Nou is elkeen potensieel 'n verdagte. My laaste illusie van 'n vrye kampus was ook daarmee heen. Die "spioen" wat almal verdink het, 'n Engelstalige wit man wat byna nooit 'n woord tot die klasbesprekings bygedra het nie, het ook later die klas verlaat vir "persoonlike redes". Was dit hy? Wie sal weet?

9

Buite die hospitaalmure

In hierdie tyd, ondanks intimidasie, verbannings en opsluiting van aktiviste deur die staat was daar tóg mense wat aktief betrokke geraak het by nuwe organisasies soos die United Democratic Front en allerlei nie-regeringsorganisasies wat soos paddastoele opgespring het. Johnny Issel wat ons reeds by die Christian Institute en Moravian Hill ontmoet het, was 'n sleutelfiguur. Hy het ons genooi om oor gesondheid te praat by die Food and Canning Union se jaarvergadering in die Paarl. Hy het ons ook betrek by *Grassroots*, die radikale gemeenskapskoerant wat vanaf 1980 elke week die townships getref het soos 'n vars bries. Dit het nuus gedra oor die kwessies wat gewone mense raak en hulle bewus gemaak van die noodsaak vir politieke verandering. Dit was nuus en menings wat destyds nooit die kommersiële dagblaaie gehaal het nie. Johnny het vir my en Lies gevra om deel te word van *Grassroots* se Advice Page Committee. Ons rol was om advies te gee oor gesondheidsprobleme. Die komitee was breedweg saamgestel uit 'n regsgeleerde, 'n kenner van behuising, en 'n maatskaplike werker. Ons het een maal per week vergader om die volgende uitgawe se Advice Page te beplan en te redigeer.

Hierdie week ontmoet die Advice Page Committee by ons huis in Oxfordweg, Observatory. Hier teen halfses begin almal opdaag. Zubeida Jaffer is vandag eerste hier. Sy is een van *Grassroots* se voltydse joernaliste. Sy sluk dorstig aan 'n beker tee. "Dit was 'n rowwe dag. Ons was van vroeg af in Crossroads. Mense, daar kom groot moeilikheid met die Witdoeke."

Trevor Manuel vertel hoe die Veiligheidspolisie (hy noem hulle die Boere) saam met die Witdoeke 'n aanval beplan in die plakkerskamp. Lies en ek gee bekers tee en koffie aan. Mr Chairman is laat, soos gewoonlik. Toe hy eindelik opdaag, kan jy hom deur 'n ringetjie trek. Swart pak, wit hemp en skoene wat skitter. Hy was vandag in die hof, hoor ons.

Zubeida sê ons het 'n dubbelblad in die volgende uitgawe van *Grassroots*. Die probleem is net dat niemand tot dusver vir ons geskryf het nie, en die blad bestaan uit vrae en antwoorde. Dis geen probleem nie, sê Zubeida, ons het mos 'n goeie idee wat die probleme daarbuite is, dus: skryf vir jouself 'n brief en antwoord dit! Sy gee riglyne. Skryf eenvoudige taal, soos mense praat. Skryf in aktiewe vorm en visueel. Sy kyk na Lies. "Wat van 'n paar illustrasies? Ons het baie gehou van laasweek se tekening van die sout-en-suikerdrankie."

⁙

Op 'n Sondagoggend lyk Elsiesrivier anders as deur die week. Die strate is stiller. Hier en daar stap 'n gesin kerktoe met blink skoene, gepak en gedas en gehoed, Bybels onder die arm. Dit is laatwinter en 'n geniepsige Suidooster waai plastieksakke en ander rommel teen die sypaadjies en grensdrade. Ons ry af in Haltweg, verby die Daghospitaal en die kliniek. Plakkate teen die lamppale adverteer vandag se rally: *Join the United Women's Organisation in a celebration of Women's Day at the Municipal Hall*. Lies hou buite die saal stil. Alles lyk verlate. Is ons ooit by die regte plek? By die deur staan 'n groepie vroue. Hulle kyk ons wantrouig aan maar bevestig dat die vergadering hier is; ons mag maar solank ingaan en registreer. Binne, in die somber halflig, sien ons die verhoog is versier met 'n reuse spandoek: *The UWO Welcomes you to a Celebration of Women's Day*. Rye leë stoele. Heel agter in die saal sit 'n paar vroue met kopdoeke. Dan herken ons gelukkig vir Virginia Engel wat vir die Food and Canning vakbond werk. Sy omhels ons hartlik en ons voel dadelik beter.

Een en 'n half uur later. Op die verhoog sit 'n ry vroue, die executive van die UWO, en die voorsitter verwelkom vir Mama Tamana in haar rystoel wat die rally open. Almal staan op en ons sing Nkosi Sikelele iAfrika. Ek voel die ou emosie in my bors opstoot as die stemme om my styg en daal. *Morena boleka sechaba sa heso ... o se boleku sa heso ... sechaba sa Afrika*. Die vroue rondom ons sing met die regtervuis omhoog. Ek loer na Lies hier langs my. Nee, sy doen dit ook nie. Dit voel nog steeds vir my vreemd; ekstreem en aggressief. Ek weet dit is net 'n teken van mag en ek respekteer dit, maar ek kan dit nie spontaan saamdoen nie.

Nou vir die speeches. Alles word getolk in isiXhosa en Engels, so dit duur tweemaal so lank. Mama Dora Tamana vertel weer die ou verhaal van die vroue se opmars na die Uniegeboue. *Strydom you have struck the women. You have struck a rock*. Een van die veterane wat self die dag daar was vertel in 'n krakerige stem hoe die Boere hulle geslaan het. Sy word kort-kort onderbreek deur jubelende oeloeloes en amandlas. Die saal is maar halfvol en die oorgrote meerderheid is jongmans, jeuglede wat aangery is uit die townships. Lies en ek praat met die klein groepie mense wat ons ken van ons UDF tak in Observatory. Ek merk op dat daar waarskynlik baie min Elsiesrivier vroue by die rally is. "Jy is reg, en dit is juis hoekom ons moet *organise* my suster!" Teen halftwee word reuse potte breyani ingedra en ons val in die ry om op te skep. Nou is die atmosfeer ligter en almal is vriendelik met ons. Na ete begin mense huiswaarts keer. Die UWO se eerste rally is verby.

Sal ek ooit daardie rallies van die tagtigerjare vergeet?! Ek het later besef dat ek altyd minstens negentig minute te vroeg was as ek betyds opgedaag het. Is dit waarom almal begin praat het van "African time"?

Een van die talle klein NRO's wat soos lastige miere teen die magtige staatsmasjienerie opgeklim het, was 'n groep organisasies wat kantoorruimte gedeel het in 'n afgeleefde gebou in Mowbray. Tydens die tagtigerjare het Mowbray nog nie haar nuwe lagie glans en lewe gehad wat die UK studente haar deesdae gee nie. Op die hoek van Stasieweg en Hoofweg het Health Care Trust saam met nog 'n paar verwante organisasies 'n kantoorruimte gedeel. Health Care Trust het my aangestel as voltydse veldwerker in Kaapstad. Hulle het reeds 'n Village Health Worker projek gehad in Cala, Transkei, maar my taak was vaagweg omskryf en ek moes dit self verder uitbou. Ek moes saamwerk met vakbonde, buurtverenigings, vroue-organisasies en kerkgroepe wat inligting en opleiding nodig het oor gesond-heidskwessies. My hoofdoel was om mense "te bemagtig". Gesondheid raak mense op 'n intieme vlak waar ons dalk 'n bydrae sou kon maak tot groter bewussyn van die behoefte vir politieke verandering. Ek sou rapporteer aan HCT se trustees wat bestaan het uit 'n klein groep vrywilligers; mediese studente soos Leslie London, Lyn Denny, en Nathan. Dan was daar ook nog Debbie Budlender en Melanie Alperstein.

Ek sal nooit my eerste dag op kantoor vergeet nie. My eerste werksdag ooit sonder 'n uniform! Ek trek 'n langbroek en trui aan en stapskoene, gereed vir enigiets. My maag borrel van die senuwees. 'n Nuwe uitdaging. Ek voel ook bietjie angstig; waarvoor laat ek myself in? Hoe sal ek inpas? Ek het reeds 'n onderhoud gehad met die trustees en hulle verwag baie van my, maar dit sal grootliks van myself afhang om my eie werk te definieer en te skep. Ek parkeer in 'n systraat en word dadelik oorval deur twee verslete straatmense wat aanbied om die motor op te pas. Ek sien geen ingang in Hoofweg nie, maar Jeffrey, my karoppasser, lei my om die hoek in by 'n verweerde traliehek. Orals staan oorvol vullisdromme en die stukkende drankbottels getuig van 'n wilde nag. Die gebou se agterdeur staan oop en ek stap in. In die flou neonlig sien ek 'n lang gang met deure aan weerskante. Dit ruik na muf en ou sigaretrook. In 'n afgeskorte kantoor is 'n maer man met wilde hare en 'n nog maerder vrou met 'n vormlose lang kaftan besig om stapels A4 velle te sorteer en in lêers vas te kram. Ek groet huiwerig, maar hulle kyk skaars op. Verder af in die gang sien ek gelukkig vir Neil White, my enigste kollega.

"Hi Hester! Welcome to Health Care Trust! Let me show you around." Neil is 'n Engelssprekende jong dokter wat ek by die Trustees se vergaderings ontmoet het. Hy werk met vakbonde oor veiligheidskwessies en hy doen waardevolle navorsing oor toestande in asbesmyne. Neil vertel my van sy werk en verduidelik dat hy baie reis en selde op kantoor is. "So you would mostly have all the space to yourself," sê hy laggend en wys verskonend na die hokkie van ongeveer drie vierkante meter groot. Daar staan een skoollessenaar, een stoel en 'n geroeste staal liasseerkabinet. Teen die mure is 'n paar tuisgetimmerde boekplanke. "Let me first try to find you a chair," sê Neil en verdwyn om die hoek. Dan stap ons saam na die kombuisarea en hy skakel die ketel aan. Die wasbak is vol vuil koffiebekers, die vuillisdrom stink en oral staan aangepakte etensborde. Dit ondanks die dreigende kennisgewing bo die wasbak: "Please wash your own stuff. No one else will!"

Neil spoel twee bekers onder die kraan uit en ons stap terug, verby die twee stil figure wat ek vroeër teegekom het. Neil stop en stel my voor. "This is Laura and Jamey. They work for the Medical Students Bursary Trust. They send study materials to rural students." Die jongman glimlag breed. "Welcome to cuckoo land," sê hy lakonies. Laura kyk my op en af. Sy knik … (of het ek my net verbeel?) en gaan dan uitdrukkingloos verder met stapel en kram.

Later gee Jamey, die Rastaman, my 'n les oor die gebruik van die kopieermasjien. Na 'n ingewikkelde storie en 'n paar skoppe rammel die ou dier en gee 'n paar rukke. Hy glimlag. "Best thing is just to call me if you need a copy. The two of us understand each other."

Terug by die lessenaar haal ek 'n notaboek uit en begin skryf. Ek maak 'n lys van organisasies en mense wat ek reeds ontmoet het en begin hulle een vir een bel om uit te vind of hulle my kan gebruik. Ja, verduidelik ek al klink dit selfs vir my vaag, oor een of ander aspek van gesondheid. Na 'n paar uur staan ek op en met dié skarrel 'n yslike rot oor die vloer. Ek ril en dink met onwillekeurige heimwee aan Heideveld waar die vloere elke dag gewas word. Waar mense my ken en die kinders vriendelik vir my waai langs die strate. Dit het huislik begin raak na vyf jaar. Sal ek ooit hier inpas?

Die eerste Saterdagoggend daag ek saam met Lies om tienuur op by die kantoor. Die selfaangestelde opsigters lê hulle roes en uitslaap en sien ons nie eers die gebou binnegaan nie. Ons is gewapen met emmers, besems, 'n mop en 'n bottel Handy Andy. Ek het vir Lies vertel van die smerige kombuis en kantoor en sy het aangebied om my te kom help skoonmaak. Ons pak heel eerste die kombuis. Week eers die aangepakte borde en eetgerei. "Dis beter om van bo af ondertoe te werk," adviseer sy my toe Trevor binnestap. Hy kyk ons op en af en bars uit van die lag. Hy werk ook by een van die kantoortjies vir Cape Areas Housing Action Committee en ons ken hom van *Grassroots* Advice Page. "Jy lag verniet so. Kom help ons liewers!" sê ek effens verleë. "Nee, dis net vir my te pragtig om die mêdems te sien vloere was," spot hy. "Magtag Hester, is ek bly jy is hier. Ek suffer self om tussen hierdie klomp White lefties reg te kom. Lyk my hulle dink hoe vuiler, hoe meer links gaan die mense dink ons is!"

Vandag is Trevor Manuel natuurlik 'n ikoon. Hy was in Mandela se eerste kabinet en het lank gedien as Minister van Finansies. Hy is steeds 'n populêre ANC leier. Gisteraand was hy op Pasella. Die toonbeeld van 'n welsprekende suksesvolle politikus. 'n Man van die wêreld. Die omroeper het hom uitgevra en hy het vertel van die ou dae toe hy nog moes duck and dive vir die veiligheidspolisie en hoe hy in aanhouding was en min tyd gehad het vir sy jong gesin. Dit was in die dae toe hy die housing portfolio vir *Grassroots* gedoen het en heel gemaklik op ons sitkamermat in Obs gesit het.

Die ou gebou is gestroop en vandag staan Grand Bazaars op daardie hoek van Hoofweg in Mowbray. In 1982 het die mediese studente 'n konferensie gereël oor tuberkulose met die ironiese titel Consumption in the Land of Plenty. Ek het steeds vir HCT gewerk maar ons kantoor het intussen verskuif na 'n huis in Scottstraat, Observatory. Ek het destyds alreeds kennis gegee om Engeland toe te gaan vir my studiebeurs en was juis besig om my projekte oor te dra aan 'n kollega toe een van ons studentetrustees instap.

Nathan lyk vandag baie ernstig. "Kom stap gou saam met my," nooi hy my. "Ek gaan kos koop by Chippies," is al wat hy sê en ek begryp dadelik dat hy bang is ons kantoorgesprekke word afgeluister deur die veiligheidspolisie. Ons leef in benoude tye. Mens weet nooit wie saamluister nie. Nathan vertel dat een van sy vriende 'n paar dae gelede ingeneem was vir ondervraging deur die Special Branch. Hulle was saam op die komitee wat die TB-konferensie gereël het. Toe wou die polisie ook weet of hulle vir Hester van der Walt ken. "Ek wil maar net vir jou waarsku dat hulle jou ook dophou," sê Nathan besorg.

Hier is dit nou. So lank al was daar rondom my vriende en kennisse wat soms 'n nag of twee by ons kom slaap het as hulle op vlug moes slaan, maar nou is ek ook op die lys van verdagtes; een van die wat dopgehou word. Koue angsrillings loop teen my nek af. Volgende week vlieg ek Engeland toe. Of dalk nie?

Die Diploma in Adult Education by UK was vir my 'n groot leerondervinding. My dissertasie het gegaan oor die indiens-opleiding en pasiënte-onderrig in die Daghospitale. Ek was trots daarop, maar ook effens weemoedig omdat my studies verby was. Clive Millar het my eendag kom sien en voorgestel dat ek aansoek doen vir 'n meestersgraad by Manchester University. Hy het gereken dat ek 'n kans staan om 'n British Council Scholarship te wen. Ek het dit met Lies bespreek. Sy was bly vir my part en het my aangemoedig, maar ek kon sien dat die hele idee vir haar baie onwerklik was. Kort na my onderhoud by die British Council se kantore in die middestad word die droom toe werklikheid. Ek het my paspoort en 'n visum in orde gekry en finale planne begin maak. Hierdie was vir my 'n kans om toegang te kry tot verdere studies, want Manchester University het al my vorige verpleegkunde diplomas erken, terwyl Suid-Afrikaanse universiteite 'n basiese graad vereis het.

Die idee van 'n hele jaar weg van mekaar, het soos 'n stil donker olifant tussen ons gestaan. Hoe nader die vertrekdatum kom, hoe stiller het Lies geraak. Sy het vir my 'n kombersjas gemaak en 'n duvet oortreksel van twee Swazilappe wat ek oor my slaapsak kon gebruik. Nou die dag, terwyl ek nadink oor hierdie tyd, vra ek haar: "Hoe het jy regtig gevoel Lieske?"

"Ek onthou dat ek kort voor jou vertrek, in die midde van al die drukte, eendag in die bad gelê het. Toe begin ek net huil, so asof dit my die eerste keer werklik tref dat jy weggaan en dat ek alleen agterbly."

Laaste-minuut goed word gepak en mense gegroet. Nathan, my kollega by die Trust, kom sit bo-op my koffer om dit toe te pers. Ons weeg die koffer. Ja, net binne perke. By die lughawe is alles net 'n onwerklike waas. Ons het mekaar al vroeg vanoggend gegroet en klaar gehuil, maar my lip bewe weer toe ek alleen deur die doeane gaan. Lies en Marian Jacobs staan en waai tot ek om die hoek verdwyn.

·······

Aan die begin van hierdie memorie het ek 'n lys gemaak van bronne wat ek kan nagaan om my geheue te help verfris. Ons briewe uit my Engelse periode was prominent op daardie lys.

Ek het geweet hulle is êrens veilig bewaar. Gister het ek begin soek en die briewe en 'n paar dagboeke was nêrens te vinde nie. Spoorloos. Tot Lies hulle eindelik ontdek op 'n vergete rakkie onder my drukker. Ek sit met die verbleikte blou kartonlêer voor my. 'n Eenvoudige oopklaplêer. Op die flap is 'n pienk reghoekige velletjie papier opgeplak getitel 'Hester se Briewe'. Daar is ook 'n klein pentekening van my en drie adresse in Manchester; my spore in daardie stad in my soektog om 'n geskikte blyplek te vind.

Ek slaan die flap oop. Die binneflap is vol geskrywe in Lies se handskrif. 'n Gedetailleerde boekhouding van elke brief wat sy van my ontvang het. Die datumlys strek van 15 September 1982 tot 15 September 1983. Dit roer my diep om weer te sien hoe sy die maande telkens onderstreep het en met groot letters afgemerk het van een tot by twaalf. Daar is ook kantlynnotas wat alle ander artikels wat ek gestuur het aandui, soos byvoorbeeld, poskaart, pakkie, kasset, of tape met seep, kaart met teedoeke uit Holland. My geliefde is enige navorser se droom. Data at a glance!

Ons kyk saam na die lêer, verstom oor die talle blou aero-grams, die dunste lugposvelletjies, elk met 'n binne A4 kant en 'n derde A4 agterkant, só vol geskryf van 'n jaar in twee mense se lewens. Destyds het e-pos nog nie bestaan nie. Lies terg my weer soos destyds. "Ek het natuurlik meer geskryf as jy." Ek gee toe.

Ek sien weer hoe ek soggens vroeg teen die houttrap in Windsor Road afhuppel. Ek het reeds Bonny se *Guardian* hoor val by die gleuf in die voordeur en ja – daar lê die pos – twee blou briefies! Met singende hart draf ek weer die trap op tot by my vloerbed op die derde vloer. Ek vou my rooi en swart Swazi duvet om my skouers en voed my hart met Lieske se nuus. Leef saam daar waar sy, ook ver van huis êrens in 'n Oos-Kaapse dorpie, sukkel om met village health workers kontak te maak. Ek lees die briewe 'n paar keer oor. Kyk om my rond in hierdie vreemde kamer. Die lessenaar met stapels boeke en papiere. Ek is nou twee maande hier en hierdie is my derde blyplek in 'n buurt wat my bietjie laat dink aan Observatory. Viktoriaanse huise en winkeltjies op die hoek. Ek het die advertensie op die kennisgewingbord van Grassroots Bookshop gesien. Ek het gebel en moes vir 'n onderhoud gaan. Die twee ander vroue wou eers uitcheck watse soort Suid- Afrikaner ek eintlik is. Ek was maar benoud, want ek het al geleer dat my velkleur en my aksent my onmiddellik verdag maak as nog 'n onderdrukker. Dit is te verwagte as mens kyk na die tonele uit my land wat aand na aand op die TV-nuus uitgesaai word.

Saam met my op die Masters in Adult Education was 'n mede-Suid-Afrikaner, Nomvula, 'n gemeeenskapswerker uit Kaapstad. Ons twee was vir twee jaar medestudente in Kaapstad en het mekaar reeds goed geken. Nes ek, het Nomvula ook 'n British Council beurs gekry en op die Kaapse lughawe het ek haar gehelp om haar ekstra bagasie te verdeel en deur te kry. By ons aankoms in Manchester het haar houding teenoor my egter radikaal verander. Sy het dwarsdeur my gekyk, so asof ons mekaar glad nie ken nie. In 'n groep studente van minder as dertig is so-iets nogal opvallend. Meer as die helfte van ons was buitelanders en die universiteit het moeite gedoen om ons te laat tuis voel in hulle stad. Nomvula het elke geleentheid gebruik om te wys hoe sy voel oor my, die wit Afrikaanse onderdrukker. Ek het hierdie pyn ervaar soos 'n skerp maar onvermydelike las. Ons moes studierigtings kies en toe ons albei gekies het vir Community Studies, was die atmoseer so pynlik dat ek van opsie verander het. Dit was weer die ou dilemma. Hoe kan jy as wit Suid-Afrikaner ontkom van die skuldlas van jou "ras"? Dit het nog altyd teen my grein gegaan om in woorde te verduidelik dat ek "anders" is. My andersheid moes ek in my dade en houding toon. Een van my grootste vreugdes in die tyd was 'n medestudent Mutua, uit Kenia. Hy het die situasie tussen my en Nomvula stilweg waargeneem en eendag met my daaroor gepraat. Van toe af het hy uit sy pad gegaan om my in te sluit as "a fellow African".

Ek tel die stapel briewe wat ek geskryf het op, toe daar skielik 'n klein platgedrukte item uitglip. 'n Lok van Lies se hare, lossies vasgebind met 'n wit lint. Ek is nou so gewoond aan haar liggrys gestreepte hare, maar in 1983 was haar hare nog ligbruin en deurspek met blonde sonstrepies.

'n Haarlok lossies geknoop
goudbruin en warm teen my vingers

Dertig jaar later leef dit nog tussen my vingers

Ek tel dit op tussen die ragfyn blou briewe.
Ruik daaraan. Dit ruik nog na Lieske.

Blomme, warm heuning. Eerlikheid.

Ek soek deur die briewe, van datum na datum. Daardie tyd speel soos 'n film voor my af. Sy wat haar studies voltooi en dan ook vir Health Care Trust gaan werk in hulle Oos-Londen village health workers project. Eindelose ontberinge per trein en bus en met 'n korrupte projekwerker. En my omswerwinge in Manchester op soek na 'n plek wat nie te vreemd is vir 'n hele jaar se verblyf nie. Die verlange spreek uit ons albei se briewe. Soms desperaat, maar meestal berustend met die wete dat dit net een jaar is, troos ons mekaar en praat mekaar moed in. Lies vertel my hoe Lynette haar een middag kom besoek en haar hart uitgestort het aan die kombuistafel. Sy was lief vir 'n vrou en het haar verlowing met 'n man verbreek. Sy het na Lies toe gekom omdat sy intuïtief geweet het dat sy daar begrip sou kry. Lies skryf vir my dat Lyn op pad Engeland toe is en by my ook sal kom aandoen. Ek het toe nog gewoon in die huis by die jong studente en het vir Lyn 'n vloerbed in my kamer gemaak. Ek was so bly om haar te sien, want dit was my verjaarsdag en ons het gaan saam uiteet. Daarna het ons gesels tot diep in die nag oor aanvaarding en begrip. Sy het my bekendgestel aan haar geliefde digter. 'n Nuwe wêreld het voor my oopgevou. Dit was een van die eerste werklik oop gesprekke wat ek met 'n derde persoon gehad het oor my en Lies se verhouding.

In Manchester sou ek die jaar veel meer bewus raak van feminisme en my eie woorde begin vind vir dinge wat my nog altyd afgedruk het, dinge soos houdings en blikke van mans, alledaagse sêgoed en idees wat vroue in 'n blik druk. En bo alles, van my plek in die wêreld as volledige mens, as vrou wat sonder skroom 'n ander vrou liefhet. Selfs in die struggle, waar ons altyd gepraat het van "standing shoulder to shoulder with men", kom ek toe agter, het ons destyds nog nie werklik ruimtes oopgemaak om onsself te wees nie. Dit was nie toevallig dat Lyn en ek daardie gesprek in 'n vreemde land moes hê nie.

10

Ithemba

Ons het die huis in Oxfordstraat 38 gekies op grond van 'n sonstraal wat ons deur die opskuifraam oor die houtvloer sien val het. Ek was dadelik verlief op die lang, smal huis. Eers die gang en een slaapkamer, dan die sitkamer, dan die kombuis en nog 'n kamer en heel laaste 'n donker kamertjie waaruit die badkamer loop. Buite die kombuisdeur was die "patio", 'n smal sementstrook langs die huis begrens deur 'n sesvoet-muur van die bure se patio en huis. Ons het dit gekoop vir agtduisend rand wat bestaan het uit 'n deposito en maandelikse paaiement van R80 per maand. Dadelik het Observatory en Soutrivier my jaggebied geword vir stukkies tweedehandse meubels soos tafels en stoele. Die voortuin van drie meter by vier meter was toe onder die lang grasse. Ons het 'n graaf gekoop en begin skoonmaak. Die tuintjie het verskeie giere beleef, soos 'n sakdoekgrasperkie, 'n struik en 'n roos of twee omsoom deur blomme, totdat ons fynbos ontdek het. Destyds was ons die jongste van almal en die eerste inkommers in ons buurt. Daar was ou dames aan weerskante van ons. Dan die Parkers, en dan die studente in die twee huise oorkant van die straat, wat hulle Borbirigme en Flatus genoem het. Daar moes seker een of ander tyd mediese studente ook gewoon het. Ons het die huis gedoop Ithemba wat 'hoop' beteken, soos in die isiXhosa spreekwoord *ithemba alibhulali*, wat beteken "hoop maak nie dood nie, dit gee lewe". Min het ons geweet dat ons dertig jaar by daardie selfde adres sou woon.

Mister Stanley Parker het ons dadelik onder sy vleuels probeer neem. Hy kon kwalik sy nuuskierigheid bedwing. Ook maar goed hy was ons linker buurman wat sy agterplaasmuur met ander bure gedeel het. Mevrou Parker se ou moeder het by hulle ingewoon. 'n Statige ou dame, altyd geklee in 'n donkerblou tweestuk. Hulle enigste troeteldier was 'n mak hoenderhen genaamd Benjy. Mister Parker se grootste plesier was om te vertel hoe hy, op sekere tye van die dag, vir sy hoendertjie tee en toast voer. Parker het die kom en gaan asook die doen en late van die studente noukeurig dopgehou. "There are boys and girls living there together, you know. I wonder who sleeps with whom. Hè, hè …" Hy was altyd op soek na 'n verskoning om nader te gaan en nog beter te sien. So het die studente een skemeraand huistoe gekom, verstom om Mr Parker gebukkend voor hulle huis te vind besig om deur die heining na binne te loer. "What are you looking at, Mr Parker?" Hy het hom flou geskrik, maar was dadelik reg met 'n antwoord: "I'm looking for my lost chameleon. I think it may be in your hedge …"

Dan was daar die Whites, twee huise verder. Val en John, in hulle vroeë vyftigs, en Sharon, hulle tiener, 'n kind wat op veertien die lewe al goed geken het. Lies het praatjies met haar aangeknoop en ontdek dat sy van teken hou. Sharon het ons interessant gevind, want sy het nog nooit sulke mense ontmoet nie. Sy het ons die "intellectuals" genoem. Sy was skepties oor alle pogings om haar te hervorm. Maatskaplike werkers, wat sy van kleins af geken het, was haar grootste vyand. Skool was 'n noodsaaklike euwel en sy kon nie wag om groot genoeg te wees om haar eie geld te verdien nie.

Teen skemer een aand klop Sharon aan die deur, rugsak en anorak aan. "Just coming to greet yous. I'm on my way to Jo'burg." Ons oorreed haar om eers in te kom en sien dat sy sukkel om haar trane te bedwing. Dan kom die storie uit. Pa en Ma is al drie dae dronk. Daar is niks kos in die huis nie. Dit kos mooipraat om Sharon oor te haal om eers die nag by ons te bly. Ons maak vir haar 'n bed en kyk hoe sy hongerig 'n bord sop opslurp. Die volgende oggend is sy kalmer en besluit om by ons te bly en vir eers te vergeet van Johannesburg. Sharon kry haar Oom Samie om haar skoolklere by die huis uit te smokkel op voorwaarde dat hy nie mag vertel waar sy is nie. "I want to give them a real fright this time," sê sy vasberade. Lies en ek bekommer ons dood. Sê nou Sharon kom iets oor, dan is ons mos verantwoordelik. Wetlik is sy nog 'n kind. Behoort ons nie die "owerhede" in kennis stel nie? Maar ons het vir Sharon belowe om niks vir niemand te sê nie, en sy hou ons soos 'n valk dop. Haar vertroue is al so dikwels geskend. Sy is meer straatwys as ons! Na 'n paar dae kom haar oom Samie vertel dat Val en Johnnie weer nugter is en dat hulle orals na Sharon soek. Hulle voel vreslik skuldig en hulle is rasend van bekommernis. Die vyftienjarige het toe besluit om die situasie ten volle uit te buit. Sy sou dit oorweeg om terug te gaan, maar op voorwaarde dat sy net bly tot hulle weer begin drink. Nou volg AA-vergaderings en Pa White kom tot 'n reuse bekering by die plaaslike Metodistekerk. Hy verander handomkeer in 'n voorbeeldige ouderling. Ma ploeter nog voort, ewig die slagoffer met haar vervalle gesig en blonde krulle.

'n Paar jaar later was ons een nag vas aan die slaap, toe daar dringend aan die deur geklop word. Val en Samie staan daar, paniekbevange. "Kom asseblief dadelik Lies, Sharon is in die moeilikheid." Lies trek haar skoene en jas aan en stap saam met hulle. Al die ligte is aan by hulle huis; die voordeur staan oop. Val huil so dat sy geen woord kan uitkry nie. In die beknopte agterkamertjie staan Sharon gebukkend oor die bed. Sy is histeries. Voor haar op die bed lê 'n pasgebore seuntjie. Sy nawelstring is afgebreek maar dit bloei gelukkig nie. Die plasenta is nog nie gebore nie en orals is bloed en tekens van 'n wilde gestoei. Lies draai die baba toe in 'n handoek en verlos Sharon van die nageboorte. Sharon lyk verdwaas en angstig. Sy sê oor en oor: "I've done it again, I've done it again." Sy huil. Val bel die ambulans. Hulle kom gou en neem haar hospitaal toe. Dit was Sharon se tweede seuntjie. Die eerste een was omtrent een jaar oud.

So het ons lief en leed met daardie gesin verweef geraak. Vroeg een oggend het hulle weer kom roep. Val is dood na 'n lang siekbed. Later van tyd het hulle weggetrek. Sharon en haar kinders, na Gauteng en soms bel sy ons nog onverwags op.

11

Buite is beter

Ek kyk in die spieël van toentertyd. Die middeltagtigerjare. Wie was ek destyds, kort voor my drie en veertigste verjaarsdag?

Redelik vars uit Engeland. 'n Bekeerde feminis en besield van die evangelie van gemeenskapswerk. Ek leer volwassenes om te lees en skryf. Ek leef tussen die kampus van die Universiteit van Kaapstad en Montagu en Ashton waar ons die veldwerk doen, maar eintlik leef ek in ons huis in Observatory. Ek dra los klere, meestal broeke en T hemde. Ek dra graag blou, skuif vir eers my rooi en bruin klere opsy. Ek is lief vir Lies, vir die Sederberge en vir Tafelberg. Ek haat sigaretrook. Familiebesoeke is vir my moeilik. Ek hou nie daarvan om aan ou konvensies herinner te word nie, wil ook glad nie as Afrikaner gesien of as wit geklassifiseer word nie. Ek het altyd sokkies en 'n boek byderhand en ek glo dat ware vryheid eers eendag sal kom, nie in my leeftyd nie. Op die UK-kampus voel ek steeds soos 'n buitestaander en ek probeer gewoonlik om die balans tussen Rachel Jenkins, ons Britse kollega, en Linda Wedepohl te hou. Dan is daar die gemeenskap op Montagu – MAG wat staan vir Montagu Ashton Gemeenskapsdienste – met Dirk en twee radikale jong projekwerkers wat ons help om opleiding te gee aan leesgroepe op afgeleë plase in die omgewing. Ek is steeds betrokke by *Grassroots* en die Nurses Support Group. Eindelose meetings. Aktiviste wat soms kom oorslaap, want ons het 'n "veilige huis".

So het my lewe sy gang gegaan. Ek het verlang na gewone alledaagse menslikheid, na eendag wanneer ek dalk verby die skuld en skande van my herkoms sal kan uitstyg. Ek was so gelukkig om weer tuis te wees na 'n lang jaar se skeiding. Ek was omring deur my Obs bure, Sharon en die Whites, SPAR en die Pizzaplekkie net om die hoek.

—

Hoe groot was die sel? Daar was plek vir ses stapelbeddens in twee rye van drie. Aan die eenkant was 'n toilet en stort. Grys komberse. Lakens gemerk met strepe wat sê Departement van Gevangenisdienste. Smal ysterbed. Dun matras. Klein, oop bedkassie.

Na al die jare is dit nog altyd moeilik om te glo dat dit met my gebeur het. Dat daar net na vyfuur op 'n helder Kaapse oggend in November 1985 'n klop was op ons deur. Dat 'n half-aan-die-slaap Lies die deur gaan oopmaak het. Hoekom sy? Was ek dalk agter in die huis? Daardie dag is soos 'n dowwe vlek in my geheue. Dalk was dit die skok, of miskien selfbehoud; 'n manier om 'n pynlike ervaring weg te bêre. Ek sien nog die angs op Lies se gesig. "Daar is twee polisiemanne wat jou soek. Ek het gesê jy is nie hier nie, maar hulle wil die huis deursoek." Haar onmag. En die skrik in my bors. En iewers, uit 'n dieper plek, die wil om haar te beskerm, wat my laat sê, "Toemaar, ek kom." Ek onthou ook 'n gevoel van onaantasbaarheid. Wat kan hulle in elk geval aan my doen?

Die twee polisiemanne staan alreeds in die sitkamer en hulle deursoek ons boek met telefoonnommers. Hulle praat swak Engels met 'n swaar Afrikaanse aksent. Ek praat Afrikaans terug. Hulle kyk mekaar verbaas aan. Dat die kommuniste nou ook al Afrikaans praat? Hulle begin sistematies die huis te deursoek. Ons boekrakke. My skryftafel en werkstas. Hulle bekyk die foto's teen ons muur en fokus veral op ons swart en bruin vriende se gesigte terwyl hulle onder mekaar fluister. Die een wat homself as Sersant van Zyl voorgestel het, wys my sy klapbord met 'n lys van name. "Kyk bietjie na hierdie lysie. Ons soek hierdie maters van jou. Waar kan ons hulle kry?" Ek kyk skrams na die lys en 'n woede stoot in my op. Tot nou toe het ek my paniek hanteer deur beleefd en afsydig te wees. Korrek. "Nee Sersant. Ek ken hulle glad nie," sê ek stil. Hulle grinnik vir mekaar. Ek skat hulle ongeveer my ouderdom. Vroue en kinders by die huis. Van Zyl sê ek moet saam met hulle gaan. "Jy kan maar 'n paar goedjies inpak; hulle hou jou dalk oornag." Lies is in trane en ek probeer haar troos. Sy wil weet waarnatoe hulle my vat. Eers na Mowbray polisiestasie en daarna moontlik vir aanhouding. Ek pak 'n toilettassie, 'n sweetpak en sokkies. Buite waai 'n sterk Suidooster. Oorkant die straat staan 'n geel ongemerkte motor. Ek sit voor en van Zyl klim agter in. Lies staan by die voorhekkie in haar kamerjas. Ek probeer haar gerusstel, maar kry skaars kans om haar te groet.

In die Mowbray stasie is dit druk. 'n Geroesemoes van halfdronk en raserige mense. Name word uitgeroep. Uniforms. Ek is reeds onsigbaar. Net nog 'n verdagte. Van Zyl neem my na 'n kantoortjie en beveel die konstabel om my vingerafdrukke en foto te neem; dit is glo 'n formaliteit voor hy my deurneem om aangehou te word in Pollsmoor. Dit kan nie waar wees nie. Ek probeer rasioneel met hulle praat. Waarom? Wat is die klag teen my? Nee, hulle het geen klagstaat nodig nie. Ek word aangehou onder die Noodtoestandwet omdat ek 'n bedreiging inhou vir die veiligheid van die Staat. Voorlopig vir twee weke, en daarna word dit elke twee weke hersien.

Pollsmoor-gevangenis lê in die pragtige vallei tussen groen berge op pad na Muizenberg. In 'n gewone alledaagse woonbuurt met gesinswonings en singels. 'n Tronk. Gevangenis. 'n Aparte wêreld. Die wit tronk is geskei van die bruin tronk. Hulle neem my na die wit vrouetronk waar vroue bewaarders in bruin uniforms my inwag. Een deursoek my oornagsak. Sy gaan deur elke item en skryf dit neer op 'n vorm. Sy tel die geld in my beursie en skryf dit ook op. Ons praat Afrikaans. Net die hoognodige woorde. Sy kyk my nie in die oë nie, so asof ons skaam is vir mekaar, skaam om deel te wees van hierdie deursoekritueel. Of is dit net my verbeelding? Dis tog net deel van haar daaglikse werk. Om terroriste op te sluit en die samelewing te beveilig.

Ek word opgesluit in 'n gemeenskaplike sel met vyf ander vroue, ook sogenaamde politieke gevangenes. Vir Yvonne Shapiro het ek al voorheen ontmoet. Haar familie is legendaries in linkse kringe, veral haar moeder. Yvonne omhels my en stel my voor aan die ander vier wat my vriendelik "verwelkom". Aanhoudend gaan die gesprek in sirkels: wat soek hulle van ons en wat is die nuus, wat gaan daar buite aan? Lyn Garwin is 'n onderwyseres by 'n skool in die townships. Virginia Zweigental is 'n mediese student. Sy en Josette Cole is betrokke by gemeenskapswerk van 'n kerklike organisasie. En Debora Patta, die pragtige Debs? Waarskynlik 'n joernalis. Ek is die oudste. Die enigste Afrikaanssprekende. Ons is almal effens verward. In limbo. Bly dat ons mekaar het vir ondersteuning, 'n klein kringetjie solidariteit in 'n vyandige omgewing. Om halfvyf die middag word ons oopgesluit en deurgeneem na 'n klein eetkamer langs die sel. Gesnyde brood. Margarien. Grondboontjiebotter. Appelkooskonfyt. Tee. Daarna word ons weer toegesluit vir die nag.

Ek sit op my bed. Sien hoe elkeen van die ontheemdes stilraak. Party bly besig. Josette en Virginia doen 'n woord-speletjie. Lyn lees. Daar is 'n paar boeke in die sel, maar vir die eerste keer in my lewe kry ek geen plesier uit lees nie. Alles flits deur my kop. Wat sou Lies nou doen? Ek weet sy dink aan my en sy sal rasend wees van bekommernis. Asemhaal. Net rustig bly. Die sel raak stil. Veraf koer 'n duif. Dan is daar harde stemme wat op mekaar skreeu verder af in die gang. Sou iemand gemartel word? Daar is gerugte dat duisende mense landswyd in aanhouding is, en steeds ingeneem word. Yvonne het 'n boodskap gehoor dat alle aangehoudenes binnekort op 'n hongerstaking gaan uit protes.

Die dae gaan tóg verby. Na 'n rukkie ontwikkel 'n dodelike roetine. Wanneer die bewaarder ons om halfsewe kom oopsluit vir ontbyt moet die sel al aan die kant wees. Beddens opgemaak. Ek sien hoe klein dade van verset ons help om uiting te gee aan ons onmag en woede. Soos weier om op te staan. Die bewaarders is lomp en weet nie juis hoe om hierdie klomp Engelse vroumense te hanteer nie. Die jong bewaarder gaan roep haar senior. Sy begin dadelik met my Afrikaans praat. Ek gril en voel vuil. Sien dadelik sy wil my gebruik as tolk en tussenganger. My manier van verset is om aan te dring op normaliteit, want ek is net 'n doodgewone mens wat glad nie hier hoort nie. Ek vra vir my breiwerk. Hulle sal uitvind of dit toelaatbaar is. Die bewaarder kom na 'n halfuur terug. My selmaats hou die interaksie vol belangstelling dop. Nee, breinaalde is beslis teen die reëls. Geen skerp voorwerpe word toegelaat nie!

Ontbyt is mieliepap. Ek is die enigte een wat daarmee grootgeword het. Dis deel van my kultuur en ek onthou hoe Ma dit gemaak het. Soms het ek by Anna bietjie van haar suurpap gebedel in die agterplaas.

Een vir een word ons ontbied vir ondervraging. Daar is twee manne van die veiligheidspolisie. Hulle dra gewone klere. Voor hulle op die lessenaar lê 'n stapel lêers. Agter in die lokaal sit 'n vroue bewaarder. My hart klop in my keel en ek voel effens duiselig. Die begin van 'n migraine. Instink skop in. 'n Kalmte kom oor my en ek besluit om hulle voor te spring. "Ek hoop julle sal my vandag vertel hoekom ek hier aangehou word, want ek het geen benul nie en dis 'n mors van ons almal se tyd." Hulle kyk mekaar aan en glimlag effens verleë. Effens onseker? "Nee juffrou. Dit werk nie so nie. Ons wil alles van jou weet." Ek vermoed hulle het self geen idee warom ek hier is nie. Hulle hengel net. Arme drommels. Ook maar klein ratte in die groot sekuriteitsmasjien.

Vandag begin die hongerstaking. Alle maaltye word net so teruggestuur. Ons voel deel van die landswye verset. Die verpleegster, in gevangenisdiens uniform met epaulette, kom ons toespreek. Sy weier om een van my mede-gevangenes se medikasie vir depressie te gee. Die reël is eenvoudig: as jy nie eet nie, mag jy nie medisyne kry nie. Ek skrik. Dit kan ernstige gevolge hê. Ons is almal ontsteld. Ons dwing onsself om water te drink.

Die volgende dag is 12 November, my verjaarsdag. Van vroegoggend af is ek huilerig. Die bewaarder bring vir my klere wat Lies vandag van die huis af gebring het. Alles is splinternuut en in 'n mooi nuwe mandjie gepak. Ek besef dit is haar plan om vir my presente te gee. Kleurvolle toppies en onderklere. Later vandag is dit besoektyd en ons word deurgeneem na die besoekersarea. Die groter ruimte is afgeskort in klein hokkies met glasvensters waardeur jy met jou besoeker mag praat.

Lies glimlag dapper, maar ek huil so dat ek nie 'n woord kan uitkry nie. Tussendeur probeer ek haar tog gerusstel. Ek is oukei. Regtig. Sharon stuur groete sê sy. En almal. Sy vertel van Stoffel Prinsloo, ons kat, se nuutste streke. Sy wys my kaarte wat vriende saamgestuur het, maar dan stop die bewaarder haar. Niks boodskappe van buite nie. En buitendien, die besoektyd is nou om. Ons hou ons hande teen die glas en ek verbeel my daar kom tog bietjie warmte deur.

Op dag drie van die hongerstaking besef ek dinge loop gevaarlik skeef. Ek is die oudste in die sel en boonop 'n verpleeg-ster. Emosies loop hoog. Waarom onsself aftakel en nog verder straf as wat hulle dit reeds doen? Ek praat met Lyn. Sy stem saam met my en ons haal vir Yvonne, Josette en Ginny oor om iets te begin eet. Ons moet ons kragte weer opbou en probeer sorg dat ons selmaat weer haar medikasie kry.

Die dae sleep verby. Na twee weke se aanhouding kan dit weer vir twee weke verleng word. Dit is wat reeds gebeur het met Lyn. Daar is elke dag twee periodes om buite in die binneplaas te stap op 'n geteerde oppervlak. Geen plante en geen aarde, maar die lug is sigbaar en ek kan die wolke sien verbygaan en die wind teen my wange voel. Twee kransduiwe maak nes in die dakgeut hoog op teen die muur. Ons groepie "inmates" leer mekaar goed ken. Elkeen se verdriet en twyfel en elkeen se unieke talente, soos om stories te vertel. Virginia se studiemateriaal is nog 'n bron van inspirasie. Elkeen wil sterk wees vir die ander. Eendag, terwyl ons buite is om te oefen, word die sel deursoek. Debora se dagboek word gekonfiskeer en sy moet daarvoor teken. Ek skeur dadelik alles op wat ek geskryf het en onthou weer hoe van Zyl deur my adresboek geblaai het die oggend toe hulle my kom wegvat het.

Op dag veertien word ek huilerig wakker. Te bang om te hoop, maar tog hoopvol. En ja, 'n boodskap kom dat ek my goed moet bring want ek word ontslaan. My vyf selmaats hou my styf vas en huil saam. Hulle is bly vir my, maar hartseer om te moet agterbly. Terwyl ek die gang afstap sing hulle vir my die ou pryslied vir dapper vroue, *Malibongwe*. Aan die einde van die gang sien ek uit die hoek van my oog vir Lies. Ons waai histeries vir mekaar, maar ek moet eers offisieel ontslaan word. Vorms invul. Alles terugkry en teken daarvoor. En, nee, ek mag nie noual na my vriende toe gaan nie, ek word vanaf Wynberg Polisiekantoor ontslaan. Ek word met vier jong meisies van Grassy Park agter in 'n pantserwa na Wynberg vervoer. Ons is wildvreemdes, maar ons omhels mekaar soos kamerade. Reg agter ons ry Lies saam met Naeema en Melanie. Hulle het groot bosse blomme en net voor die polisiewa se agterdeure sluit gooi hulle vir elkeen van ons 'n blom. Die konstabels wat ons moet oppas weet nie waar om te kyk nie. Die buitewêreld is pragtig. Die berg was nog nooit so mooi nie. Soveel stemme. Soveel mense. Verwarring. Angs. Wie hou ons dop? Hoe veilig is ek in my eie huis? Daar volg 'n paar weke van verwarring en angsvallige agter-my-omkyk.

Pollsmoor. Was dit 'n keerpunt in my lewe, en hoe so? Voor die tyd het ek gedink my aandeel in die struggle is bloot ondersteunend en erg beperk. Ek was definitief nie in die liga van die sogenaamde senior aktiviste nie; diegene wat tot drie vergaderings per aand bygewoon het en opgetree het in die openbaar nie. Nou was ek skielik 'n soort struggle celebrity. Onwillig. Steeds oortuig dat ek nog regtig niks groots gedoen het nie en daarom nie die eer waardig is nie. Steeds skuldig? Nogtans was my hele wêreld vir 'n paar maande goed deurmekaar geskud. My dokter wou my selfs opneem in 'n senukliniek, maar ons het besluit om liewer bietjie weg te gaan van ons geliefde Obs huis wat nou betree en betas en besmet, en heel waarskynlik ook beluister was deur allerhande vyandelike magte. Ons is 'n paar dae na Kleinmond, na vriende se vakansiehuis. Maar die besmetting het saamgegaan. Ek het sleg geslaap en heeltyd opgejaag gevoel. Boonop was my gedagtes heeltyd by die twee vroue wat nog steeds in dieselfde sel gesit het. Een van hulle, het ek vermoed, het 'n probleem gehad met anoreksie. Ek het steeds nie vry gevoel nie. Eendag op 'n tog na Athlone kon ek my motor nie weer aan die gang kry nie. My eerste gedagte was dat iemand daarmee gepeuter het om een of ander luisterapparaat in te plant.

Lies was net so seergemaak soos ek. Haar pyn was erger, omdat sy die een was wat die deur vir die polisie oopgemaak het. "In die Tweede Wêreldoorlog in Nederland, het my pa in die kelder weggekruip elke keer as ons die Duitse soldate hoor aankom het met hulle swaar stewels. Hulle het alle mans weggeneem na werkskolonies. Eendag het hulle aanhoudend op ons deur gehamer. Toe sê my pa naderhand vir my ma: 'Gaan maak tog maar oop die deur.' Maar sy het nie. Sy het uitgehou en na 'n ruk het hulle weggegaan. Maar ek het oopgemaak." Die oggend van my arrestasie het sy heel eerste na ons oorkantste bure gestap om vir Willie Hofmeyer te gaan vertel wat gebeur het. Sy raad was om vir soveel mense te vertel as wat sy kon.

Sy moes veral vir mense in Nederland en Engeland vertel. Die Detainees Support Group het haar gehelp. Soos iemand wat 'n geliefde verloor het, het sy heeltyd die storie oor en oor vertel aan elkeen wat bereid was om te luister. Daar was destyds duisende mense wat landswyd sonder verhoor toegesluit was. In 'n berig in *The Cape Times* van 9 November 1985 is die opskrif: *87 held, 15 released.*

Lies was elke dag by Pollsmoor, kamstig om vir my klere te bring. Ek dink dit het haar die gevoel gegee dat sy naby aan my is. Ek kan my net voorstel hoe sy die ontvangspersoneel bearbei het met tipiese Lies sjarme wat aanhou tot jy naderhand aandag moet gee. In die sel het almal my begin terg as "the best dressed detainee in the Western Cape". Saam het ons deur elke vou en naat gegaan op soek na versteekte boodskappe. Eendag het hulle 'n potjie Bulgaarse joghurt toegelaat. Daarmee het ek begin om ons eie joghurt te maak. So soek die menslike gees altyd na 'n manier om te skep, om die sisteem te klop.

In hierdie tyd was die ergste dat ek niks kon neerskryf nie, geen dagboek kon hou nie. Tussen my ou dagboeke kom ek nou die dag af op 'n plastieksak wat toegevou is. 'n Paar notas en handgemaakte verjaarsdagkaarte. Koerantuitknipsels. Briefies van ondersteuning en liefde. 'n Koevert met foto's van my kollega, Linda Wedepohl, in 'n UCT koevert. Agterop staan 'n waarskuwing geskryf: "They may have dropped a bug in your house." Daar is ook 'n paar vergeelde bladsye geskeur uit 'n klein notaboekie. 'n Paar onbeholpe lyntekeninge in balpunt. Ek herken my styl. In potlood: "Buite is beter. Tweede Woensdag." Op die volgende bladsy is 'n poging tot 'n selfportret, met 'n onderskrif van Lies: "Bedreiging van links en regs. Kyk na die skouers." Die skouers is hoog opgetrek en buite verhouding groot tot die res van die figuur. Dan is daar 'n aanhaling van Breytenbach: "Do yourself a selfish favour; if you want to remain whole, recognise the humanity of your enemy." Sondag 1 Desember. Kirstenbosch. Nog 'n paar lyne wat plante se kontoere probeer weergee en onderaan 'n aantekening: "Here it is easy to imagine that all life is one."

Die sak met koerantknipsels lê nou al sewe-en-twintig jaar verseël. Elke keer as ons getrek het of reggepak het, is dit verskuif saam met ander boeke. Onoopgemaak. Veilig. Soos Pandora se kassie. Nou is al die herinneringe uit en die ou gevoelens kom terug. Maar tog is die gevoelens meer gedemp, soos ou pyn. Dof en sonder 'n angel. Destyds kon ek vir lank nie myself toelaat om te skryf nie. Altyd angstig dat "hulle" weer my goed sou lees en dalk iets daar sou vind om my en ander mee te straf. Selfsensuur. Daarin het hulle geslaag. Dis hoekom ek nou hieroor skryf, sodat almal wat wil weet, vandag en ook in die toekoms, kan sien hoe belaglik en kleinlik verdrukking is, hoeveel lae van verdrukking daar was, en hoe selfs so 'n miniskule klein ratjie soos ek, dit ervaar het.

12

Oorgang van stad na McGregor

Die vryheid het toe gekom. Gouer as wat ek ooit kon droom. Ja, in my leeftyd!

Op die parade tussen duisende het ek gestaan en wag vir Madiba. Toe hy eindelik verskyn kon ek hom byna nie sien deur my trane nie, hom byna nie hoor nie, die vreugde om my was te wild. Toe was daar die eerste stemdag. In 'n ry wat om die blok van Mowbray se stadsaal gekronkel het. Die mense, wildvreemdes wat sambrele deel teen die motreën.Verenig in die vreugde. Ons het geskiedenis gemaak. Eindelik geld ons stemme. Kort daarna al het die ontnugtering gekom. Die politieke magstryd was altyd daar tussen die comrades, die stryd om senioriteit, die bekvegtery, die lyste. Ek wou dit nooit onder oë sien nie want my hart was lojaal, tot my lyf eendag op vlug geslaan het sonder dat my kop deel was van die besluit.

Toe ek die dag uitstap by Pick 'n Pay in Rondebosch, loop ek my vas in 'n groep mense wat saamdrom rondom 'n tafel. Agter die tafel staan 'n paar kamerade, mense wat ek ken uit die UDF dae, nou gekleed in nuwe ANC t-hemde. Oor die tafel lê 'n groot ANC vlag. Hier kan jy inskryf om lid te word van die party. Toe ek my weer kom kry staan ek twee blokke verder by die boekwinkel. Met my swaar sakke en al; uitasem. My lyf het spontaan op vlug geslaan.

Ek probeer nou sin maak van my vorige lewe. Van my politieke evolusie; van 'n hoogsbetrokke, skuldbelaste, pligsbefokte, reg-wil-maker stadsmens tot 'n besef dat daardie soort aktivisme van die development set, daardie deel van my lewe nou verby is. Dat my rol maar nederig is, dat my tanende kragte nou anders gebruik kan word. Dat opheffing – ek het die woord altyd al verpes – nodeloos is, en boonop paternalisties.

Rondom dieselfde tyd het ek weer bewus geword van my geestelike behoeftes. Een Sondagmiddag tydens 'n middagslapie, half deur-die-slaap, hoor ek 'n mansstem oor die radio. Die omroeper vra die man uit oor sy werk en hy vertel van Temenos, 'n retreat-sentrum in McGregor. "But how do you see your role?" vra die omroeper. Hy lag skamerig. "I see myself as a spiritual midwife." So beland ons in Temenos vir 'n naweek weg, maak kennis met Billy Kennedy, die sjarmante vroedvrou wat ons inlei in die tegnieke van meditasie. Meditasie, waar ek weer my krag soek in die geestelike, die onsienlike. Ek lees Jack Korndorf. Ons ontmoet vir Johann Verster, 'n vriend van Billy.

Dit is 'n ook 'n tyd van terugkeer na die dinge van die lyf, van die aarde. Ek begin brood bak. Handewerk doen, raak weer verlief op die eenvoud en puurheid van die platteland. Ons spandeer meer tyd in Temenos.

Hierdie nuwe fase het byna spontaan begin. Met 'n wegkeer van die ANC en aktivisme en 'n bevraagtekening, 'n soort gut gevoel. Destyds het ek vir die Mediese Navorsingsraad gewerk. Daar was ek ook bewus van 'n magstryd om beheer oor die semi-staatsorgaan. Daar was gedurig 'n geskarrel vir status, vir navorsingsgeld en voortdurende pogings tot "restructuring" om die regte mense in sleutelposisies te kry. Moeg, moeg en sat het ek geraak vir die eindelose aansoeke vir geld om die werk te doen wat verpleegsters sou ondersteun. Treurig en moeg en siek. Uitgebrand.

Boonop was Lies gespanne oor die bou van haar dakstudio. Teen die begin van die reënseisoen was die mure van my kamer klam en die mufswamme het begin saampak. Die bouer wat ons eens so vertrou het, het ons aan 'n lyntjie gehou en brouwerk gelewer.

Ek onthou my eie groeiende wanhoop soos die mure van 'n tonnel wat al hoe nader kom. Daarby het my aanvanklike opgewondenheid oor 'n projek wat steun sou gee aan verpleegsters sodat hulle op hulle beurt pasiëntesorg kon verbeter, by die dag plek gemaak vir 'n swaar gevoel van onmag. By die Mediese Navorsingsraad het die kantoormure my al hoe meer vasgedruk. My kollegas was almal besig met oneindige herstruktureringsprosesse. Die binnemondse geskinder het die mure begin toepak soos die muf in my kamer tuis. Stapels riglyne vir nuwe projekte en aanvraag vir artikels in die "regte" internasionale joernale het soos giftige onkruid op my lessenaar begin aanwas. Ek het later so naby as moontlik aan die venster begin sit, waar ek darem die blou lug en wolke kon sien. So ver as moontlik van die res van die gebou met lêers vol van al my mislukte pogings om fondse in te samel vir my navorsing. Ek het begin wegvlug om te gaan werk in die naaste koffiewinkel in Tygerberg. In 'n winkelsentrum wat lank reeds alle glans vir my verloor het, het ek gaan sit en lees of skryf om te probeer sin maak van die donkerte om en in my, en my onvermoë om lig te sien, om weer entoesiasme op te bou vir enigiets. My vuur en my lig was gedoof. Ek onthou dit het gevoel asof ek deur dik sand moes voortbeur, een vergadering na die ander. My jong student het my verwytend begin aankyk, so asof sy enigste hoop op 'n doktorsgraad net van my afhang. My direkte baas het ook begin moed opgee. Hy wou net weg na Kanada of Skandinawië, want hy het sy eie probleme met hoofkantoor gehad. Ook sy werk was verdag en nie polities korrek geag nie, maar hy het darem nog sy gerekende statistiese kundigheid gehad om op terug te val. Al wat ek gehad het was die sagte wetenskap van gevoelens wat uiteindelik gedrag beïnvloed. Maar hoe meet mens dit? En hoe tel jy dit op in statisties-bewysbare kolomme en kaarte? Ek wou steeds handgemaakte kwalitatiewe analises doen en was huiwerig om al my data in rekenaars te stort.

Ek onthou die afsondering van daardie tyd. My universiteitskollegas was simpatiek en wou help, maar eindelik moes ek aan myself erken dat ek moeg was van baklei, en moeg was om bakhand te staan vir geld om my droomwerk waar te maak. By die kantoor was almal, selfs die wat in my geglo het, te besig om vir hulle eie bas te veg. Die enigste vonk in daardie tyd was die eenvoudige plesier van handgemaakte brood. Meel, water, sout en gis wat ek tot deeg geknie en in koubare, eerlike brood gebak het. Dit kon ek ten minste sluk, verteer en weer uitskei. Met funding proposals was ek totaal magteloos.

My vriende het destyds voorgestel dat ek op retreat gaan. Vir die eerste keer in my lewe gaan ek amptelik op vlug, weg vanuit die benoude tonnel waarin my werkslewe verander het.

Ek het my vriend se raad gevolg en hier kom inboek vir twee weke. Dit is vroegwinter, maar in McGregor is dit veel kouer as in die Kaap. Soggens en saans na skemer raak dit ysig. Ek het te min warm klere gebring, want ek is halsoorkop weg by die huis. Ek ruik na rook en vuur. Gelukkig kon ek die kaggel aan die brand kry, maar dit het heelwat blitsblokkies en rook gekos. Ek sit plat op die vloer voor die vuur. My neus en oë brand van die rook, maar dit is verkieslik bo al die trane van die laaste tyd. Dis vreemd om so alleen hier te wees in Carmel. Ek was vantevore hier saam met Lies en ons het lief geword vir die plek. Dit is 'n toevlugsoord vir stadsmense. 'n Veilige hawe sorgsaam geskep deur Billy, 'n liefhebber van skoonheid. Hy noem sy tuin "the garden of the beloved". Ek ruik die nat grond, 'n laventelbos voor die deur en die laaste herfsrose wat iemand op my tafel gesit het. Ek slaan Billy se rooibruin kombers om my skouers. Dit voel effens krapperig maar tog vertroostend. Opeens voel ek soos 'n buffel. Ek het juis vandag die buffelkaart getrek uit die Native American kaartreeks. Sodra die toekomspaniek my beet pak dwing ek my gedagtes om terug te keer na die sensasies van hier en nou; die reuk van die vuur, die warmte teen my linkerskouer en been. My warm wang. Die bruin vag om my skouers. Die rose se soet geur. Die reuk van die balke en grasdak in hierdie vriendelike hut. Vir 'n paar oomblikke raak ek rustiger. Die kerkklok slaan sesuur en dit is tyd vir meditasie in The Well. Toegevou in die kombers gaan ek die baarmoederlike ruimte binne. Donkerrooi mure en vloer. Kerse in erdepotte al rondom die sentrale waterpoel wat saggies borrel. Die reuk van wierook en mirre. 'n Groot vuur brand in die kaggel teen die verste muur. Kussings en matte om op te sit of te kniel. Ek gaan sit naby die water, oorstelp deur soveel geborgenheid. As my oë gewoond raak aan die skemer sien ek voor my op die rooi vloerteël 'n afbeelding. 'n Vag en twee oë. 'n Buffelkop. Ek onthou weer wat ek vroeër op die kaart gelees het:

If you have drawn the Buffalo card you may be asked to honour the sacredness of your pathway even if it brings you sadness. This time will bring serenity amidst chaos if you pray for calmness and give praise for the gifts you already have.

Ek dink nou met dankbaarheid terug aan daardie ervaring. Na die eerste week het ek begin perspektief kry, maar dit het nog 'n week van gesprekke en selfondersoek geneem voor ek tot 'n besluit kon kom; selfs al was ek net 57 jaar jonk, en selfs al sou ek maar weinig pensioen kry, gaan ek tog my werk bedank. Ten slotte is my geluk en gesondheid meer werd as geld, status en ego. Boonop hoef ek ook nie eiehandig die land se gesondheidsorg te red nie!

Dit was 'n tyd van groot besluite; binne maande het ek my werk bedank, ons het die huis verkoop en 'n plek in McGregor gehuur. Skielik was daar 'n nuwe lewe. 'n Huis om te huur, 'n kafee om te bestuur, spinasie om te pluk – gevlek met amandelbloeisels. Daardie tyd was dit vir my asof ek onder 'n peerboom sit en die ryp vrugte het in my skoot geval. Geen salaris nie, maar oorvloed alom.

As ek nou terugdink aan daardie tyd, elf jaar gelede, is ek verbaas dat dit so ver weg voel. Is die tekstuur van gevangeneskap, van groeiende donkerte in 'n tonnel, van nie kan beweeg nie, nou heeltemal weg? Goddank ja! Ek besef nou dat ek depressief was, dat ek siek en sat was van vyf jaar in 'n bedryf waar ek duim vir duim vir my spasie moes veg. Waar ek ingekom het as vreemde vis in die dam. Daar was natuurlik ook die opwinding van my eie navorsing, en die geleentheid om my doktorsgraad te behaal as deel van my werk en die tevredenheid en insig wat daarmee gepaard gegaan het. Maar selfs dit was slegs moontlik met die hulp van akademici van buite die Mediese Navorsingsraad se strukture.

Iets binne-in my het ook verander. Gedurende hierdie laaste tien jaar het ek my ingebore strewe om vir ander ruimte te vind en oop te beur, laat gaan. Ek glo dat dit 'n soort siekte is met 'n tipiese klewerige tekstuur; my regmaaksiekte en my boetedoensiekte. Dit is nou agter my. Pasop, sê my binne-ousus, dit kan weer enige tyd kop uitsteek! Maar van waar ek nou is, hier in die oopte, is die ruimte verstommend groot. Ek maak nog knus hoekies waar dit warm en veilig is om in terug te trek. Maar hierdie is vriendelike skuiltes. My rooi kamertjie van twee by twee meter met katel, handgeboude bedkassie en lessenaar en boekrakke. 'n Persiese tapyt onder my voete. 'n Muurnis met radio, Vicks en twee blouraam vensters uit Oudtshoorn wat uitkyk op die Sonderendberge. My ou muskusroos op haar stellasie in 'n bedding vol bloublomsalies. Vusi gemmerkat en Pixel die hond met haar skigtige beentjies, snuifneus en fluweel-oë kom kyk kort-kort of ek nog hier is. Die teksture van destyds, die swart benoudheid en beklemming was dalk 'n teenpool vir al hierdie lig. Was die lig moontlik sonder die donker? Het die donkerte my gedruk om aan te beweeg, om my versigtigheid in die wind te slaan? Ek dink nogal so.

Deesdae voel ek gegrond en my voete is stewig op die aarde. Terselfdertyd is daar 'n nuwe ligtheid in my stap, so asof ek 'n ou swaarte van my skouers laat val het. Vandag dra ek handgemaakte klere, 'n selfgebreide trui en kort skirtjie wat Lies vir my gemaak het op haar naaimasjien. Alles van natuurlike stowwe soos wol, katoen of sy. Ons huis is handgemaak na ons eie vorm en smaak. Dit het gegroei uit die grond daarbuite – op 'n lap aarde wat aanvanklik veels te groot gevoel het om self te bewerk. Nou voel dit steeds ruim maar ons het dit vol gegroei. Die natuur is orals om my. 'n Papierbas wat na twaalf jaar eindelik deur die rotsige skalie gebreek het en nou sy wortels in die klei afstuur. Son en skadu. Seisoene. Volmaan deur die venster op my gesig. Vuur in die kaggel en in die bakoond. Lies is die stoker en ek is die bakker en saam maak ons perfekte handgemaakte brood. Die tekstuur van my lyf verander elke dag. Kontoere verslap en versag. My vel voel al hoe meer soos ou sagte klere wat gemaklik pas alhoewel my spiere en litte protes aanteken as ek te vinnig wil vlieg vir my huidige hartskapasiteit en buigsaamheid. En my kop sê deesdae: "Wag 'n bietjie, jy is nou net te haastig vir my."

13

Kimberley se troue

Hulle het gesê hy is nie troumateriaal nie, maar hier staan hy nou voor die kansel, skouerruiker en al, die blosend-trotse pa met sy maangesigseuntjie van een jaar oud op sy arm. Hy, die res van ons en die priester wag nou net vir die bruid. Die orrelis poer-poer aan Ave Maria en gee haar 'n ongewone ritme wat sy nooit in my tyd gehad het nie. 'n Geruis stuif op deur die gesete gaste. Sy is hier! Die orrelis speel die eerste akkoorde van die troumars. Twee engelkindertjies kom eerste in, elkeen gewapen met 'n mandjie roosblare al die pad uit Poena se tuin. Hulle strooi 'n tapyt van blare langs die paadjie vir die bruid se voete. En hier is sy eindelik aan die arm van my broer Rossouw, haar trotse Pa, in sy mooiste donker kerkpak. Sy straal. Alta, my oudste broerskind. 'n Ryp jongvrou van byna veertig. Die gemeente staan regop en buig vooroor vir daardie eerste blik op die lang roomwit bruidsrok, tuisgemaak deur tantes en skoonmoeder.

In my gedagtes sien ek weer vir Alta as 'n tiener. Fors gebou en effens onbeholpe. Haar ma se slim, verantwoordelike oudste kind. Haar jonger boetie was die vrolike blonde prinsie met die groot blou oë en die kupido-mondjie van sy pa. Alta het haar ma se vol gestalte geërf sowel as haar ma se beroep as wiskunde onderwyseres. 'n Rare spesie, nog steeds dungesaai op die platteland. Ek het Alta tien jaar gelede gesien toe sy byna dertig was; selfs toe al was dit nog 'n gevaarlike ouderdom vir 'n Afrikaanse meisie, want almal wil weet wanneer sy dan eendag gaan trou. Alta was toe reeds skooljuffrou op 'n klein Karoodorp. Betrokke by die kerk se jeugwerk. Lief van geaardheid en nog steeds so effens skugter.

Toe, uit die bloute, byna twee jaar gelede hoor ek van my suster Anetha dat Alta swanger is. En boonop is die man glo nie troumateriaal nie. Hy is Alta se kollega, ook 'n onderwyser, en hulle bly altwee in die skoolkoshuis. Vir my was dit goeie nuus, maar vir Dina, Alta se ma was dit 'n reuse skok. Ek het Dina bietjie kans gegee om die nuus te verwerk en haar 'n paar weke later gebel. Ons het oor die weer gesels en na almal se gesondheid verneem voordat ek haar gevra het of dit waar is dat daar nog 'n kleinkind op pad is.

"Ja, dit is waar en ek is nog steeds geskok. As sy twintig was sou ek dit nog kon verstaan, maar sy hét mos nou al verstand!" Ja, sê Dina, sy het "die mannetjie" al ontmoet en sy is glad nie beïndruk nie. "Om alles nog erger te maak is hy Engels, en jy weet mos ek kan glad nie Engels praat nie." Ek het Dina probeer gerusstel: "Jy sal dit maar net moet aanvaar. Alta is 'n grootmens en sy sal weet wat om te doen. Alles sal regkom!" Lies en ek het dadelik begin brei vir die baba. Die mooiste klein bont jassie en 'n kombersie uit Elizabeth Zimmerman se boek. Dit was byna asof ons die kind en sy ouers ekstra welkom wou laat voel in die familie. Klein Ernie is in Oktober gebore en my broer het vertel dat die skoolhoof gelukkkig buitengewone toestemming gegee het dat hulle aldrie mag aanbly, "in aparte gange van die koshuis natuurlik, maar Alta en die kleintjie het darem 'n ekstra kamer gekry. Ook maar gelukkig, want daar was sprake van 'n skorsing." Goeie hemel, leef ons dan nog in Viktoriaanse tye, het ek gewonder.

Die lang reis van McGregor na Kimberley het gisteraand al begin. Ons het vir vriend Arjan gevra om ons tot in Worcester te neem. Om sesuur namiddag was hy voor Poena se deur. Eers die rit deur die groen wingerde van ons vallei waar die reën mildelik uitgesak het in 'n ongewone nat winter. Deur Robertson, dan al langs die bergreekse en kliprante, die laaste helderpienk vygies en aalwynspiese tot by die N1 vulstasie buite Worcester waar al die busse stop. Nog 'n uur om te wag en byna nêrens om te sit nie. So reis die meerderheid Suid-Afrikaners. Busreise het 'n eiesoortige kultuur en bied 'n ware prentjie van ons reënboognasie. Wit gesigte is skaars. Net ons, die oudstes, en 'n paar jongmense in jeans en hoodies met rugsakke. 'n Groep Nigeriërs of Ethiopiërs met reuse streepsakke. Een of twee skraal mans met gebeitelde profiele hou wag oor die sakke terwyl die res ronddwaal op soek na verversings en sigarette. Handelaars? In wat? Dalk selfs smokkelhandel, het my storiebrein gesê. Ja, die volk was onderweg. Busse na die Oos Kaap, na Durban en na George. Dit was al sterk donker. Lies het oudergewoonte praatjies aangeknoop met 'n paar medereisigers. "Nee Ma, hy is op pad. Die bus hy's altyd op tyd," het die mans gesê. Eindelik het ons sitplekke gekry, knus langs mekaar, ek met my kussing en kombersie. In die rugsak was twee lekker toebroodjies en 'n geheimsinnige glas konfytflessie halfgevul met 'n strooikleurige vog. Vriendin Annie het gesê mens kan nie so 'n rit aanpak sonder 'n nightcap nie. "Just take a little whisky in a hipflask, my dear!" 'n Hipflask had ons nie, vandaar die jamflessie. Soos stout kinders het ons geteug aan die hardehout. Nogal sterk so skoon! Bietjie bottelwater by om dit te verdun en toe neem ons elkeen stiekem twee groot slukke, want drank word mos nie op die bus toegelaat nie. So asof iemand sou opcheck op twee oumas.

En nou staan ons hier in Kimberley se ou Methodist Church vir die troue van Alta en Ernie, "die mannetjie". Dina het, ondanks al haar bedenkinge, alles self gereël; van die kaartjies se ontwerp tot die blomstukkies. Vir my is dit terselfdertyd 'n soort reünie met my familie want ons sien mekaar maar selde. Ons het vanoor die hele land gekom; Witbank, Secunda, Welkom en Mosselbaai. Dina het ons almal ingeboek by die Horse Shoe

Inn, 'n motel in Kimberley. Na al die gelukwense buite die kerk vertrek ons weer na die Horse Shoe Inn se onthaalarea in die Pool Room. Dina het die tafelsitplekke noukeurig beplan. Skoonfamilie eenkant. Ongetroude jong neefs en niggies met gades eenkant. Lies en ek was gelukkig ingedeel by die van der Walt susters en hulle gades. Kinders hol vrolik tussen die tafels rond. Buite klap 'n paar donderslae en 'n haelbui sak uit. Sjerrie by die deur, sap op die tafels, sjampanje vir die heildronke en verder moet almal hulle eie heil uitwerk by die kontantkroeg. 'n Buffet-ete met tafels wat kreun van al die vleis. Boerebarok op sy beste, afgewissel met die onafwendbare seksistiese grappies van die seremoniemeester, oom van die bruid.

Hierdie is die eerste van 'n hele paar neefs en niggies se troues wat ek bywoon. Ons is hier juis omdat dit 'n ongewone troue is. Tóg bly die tradisies rondom troues vir my vreemd. Lies en ek vang mekaar se oog so nou en dan tussen al die geroesemoes. 'n Stil punt. Ek weet later as ons alleen is sal daar weer baie wees om oor te praat en ek is opnuut dankbaar dat ons mekaar vyftig jaar gelede gekies het en nog steeds elke dag kies.

14

Saamwees en siekwees

Ons loop die pad al lank my lam
so katvoet en so saam
so loslit en so vreugdevol
'n hester en 'n lies

ons loop so graag dieselfde pad
maar soms net soms my lam
dan draai my paadjie af
waar jy my nie kan volg

ek loop die siekte pad my lam
al hygend en alleen
dis donker en benoud my lam
en elke voetstap tel

dan word ek soms so bang my lam
vir my maar ook vir jou
dan word jy ook bang my lam
vir jou maar ook vir my

want ons loop die pad so lank my lam
deur ou benoudheid heen
en weet hoe swaar dit is my lam
om een hart in twee te deel

ons loop die pad so lank my lam
so oopoog deur die dorings heen
en leer mekaar steeds meer vertrou
met mekaar se pyn

[– met dank aan Amanda Strydom]

In die lamplig lyk die klein vertrek soos 'n Rembrandt skildery.
Die enigste ligkol fokus op haar, die smal figuur in die bed,
gesteun deur 'n hele berg kussings. Haar neusvleuels is gesper in
'n poging om meer lug in te neem. Die gefluit van haar benoude
bors is duidelik hoorbaar bo die sagte gesis van die gaslampe en
die tropiese naggeluide van paddas en krieke in die tuin buite
die verpleegstershuis. Lies sit langs haar bed en probeer om haar
warm gesig koel te hou met 'n klam lap. Sy is bekommerd en sy
voel magteloos. Die twee sendingdokters, Piet en Evert en hulle
vriendin Dith, ook 'n verpleegster, beraadslaag in gedempte
stemme in die kamer langsaan. Die standaardbehandeling vir
asma het min gehelp om Hester, hulle kollega, se brongospasma
te verlig. Hulle praat van "status asthmaticus". Dit lyk of die
adrenaline en theophyllin inspuitings slegs haar hartspoed opge-
jaag het.

Dit is die laat negentien-sestigs in 'n afgeleë sendinghospitaal
in wat destyds bekend gestaan het as Vendaland, 'n gebied in
die huidige Limpopo provinsie. Die naaste groot hospitale was
in Pretoria en Johannesburg.

Piet bel sy kollega, 'n Nederlandse longspesialis in Pretoria,
vir advies. Dith kom weer die siekekamer binne en praat
saggies met Lies. "Wat dink jy, behoort ons nie maar Hester
se ouers te probeer kontak nie?"

Ek, Hester, hoor hoe Dith my naam noem en vir 'n
oomblik is ek weer terug in die kamer en sien ek die toneel
asof van 'n groot afstand. Ek sien hoe geskok Lies lyk. Trane
rol oor haar wange. Sy hou my in haar arms om my te help
om so regop as moontlik te sit. Ek steek my hand uit na Dith
en sy kom nader. Ek doen my bes om met haar te praat tussen
benoude happe na asem maar kry skaars die woorde uit. "Dith
… jy weet mos nê … van my en Lies …?" Dith, self hartseer,
knik begrypend. "Toemaar meisie, rus jij maar net."

Ek sou later nog baie wonder oor hierdie oomblik. Was
dit 'n soort bieg? Soos die mense rondom my, het ek ook in

daardie nag van benoudheid gevoel dat my laaste ure aangebreek het. My en Lies se verhouding was destyds nog 'n diep geheim waarvan net ons geweet het. Ek dink dat my poging om met Dith te praat my manier was om haar te betrek. Om vir haar te sê: "Troos vir Lies as ek nie meer daar is nie. Pas haar op, sy is kosbaar en sy is broos."

In die weke wat daarop gevolg het, het ek stadig herstel totdat Lies my na Bloemfontein kon neem vir behandeling by die longspesialis wat my in my studentedae behandel het.

Sedertdien het ek my asma in 'n groot mate ontgroei. Met moderne voorkomende medikasie is dit werklik selde dat ek nog 'n "aanval" kry. Daar is egter sekere snellers, soos byvoorbeeld 'n gewone verkoue of griep wat ek versigtig moet hanteer en wat soms kan handuit ruk. Of, soos onlangs, toe ek kort na mekaar twee somerverkoues gehad het wat uitgeloop het op 'n langdurige benoude vermoeidheid. So gebeur dit toe dat Lies my onlangs na ons dorp se nuwe dokter toe neem.

Ons sit op die bankie voor haar spreekkamer. "Come in," nooi sy. Haar bruin oë glimlag. Ek staan op en Lies vra huiwerig: "Do you mind …?" "Of course not. You are the significant other and you have every right to be here."

Sy luister en betas my met die bekende, sagte, maar onverskrokke aardsheid van 'n ware heler. Sy beswer ons ergste vrese maar verduidelik dat hartaanvalle by vroue anders presenteer as by mans. "Ek wil seker maak wat hierdie moegheid beteken en daarom gaan ek jou na 'n spesialis toe stuur vir toetse. En hierdie moesies; ons sal 'n biopsie moet laat doen." Met deurtastende maar gevoelige krag beswer sy ons ergste vrese. En soos altyd, werk dankbaarheid vir soveel goedheid op my sensitiewe onderlip.

Sy kyk my aan. "Are you scared?" Sy slaan haar arm vertroostend om my. Ek skud my kop en erken dat ek maar uit so 'n huilerige familie kom. "Don't worry," sê sy, "ek is presies dieselfde, my man sê altyd ek huil sommer vir niks in die movies."

Dan onthou ek opeens dat daar stories op die dorp was dat die dokter self 'n hartaanval gehad het. "Ja," erken sy en wys ons die operasie-littekens onder haar somertoppie. "A triple bypass, hardly five months ago." Skielik is ons nog nader aan mekaar, ek en die stralende, skaars veertigjarige vrou. Nóg 'n gewonde heler.

En Lies se siektes?

"Ag nee!" roep Lies. Van waar ek besig is om brooddeeg te meng, sien ek hoe sy na die naaste stoel strompel en neersak. "Wat nou?" vra ek. Sy sit gebukkend en kyk ontsteld na haar linkervoet; die voet wat sy lank reeds behandel vir 'n swaminfeksie van haar groottoonnael. Toe ek naderkom sien ek die ou toonnael staan regop teen 'n onnatuurlike hoek. Sy het dit gehaak aan iets en dit sit nou los bo-op die nuwe nael wat besig is om uit te groei.

Lies is bleek geskrik. "Wag net hier," sê ek, "ek bring vir jou 'n pleister." Toe ek terugkom met die pleister en verband sit sy reeds en trek aan die ou nael wat byna heeltemal los is. Grillerig. Sy wil die nael liewers self verbind, seker maar bang ek trek te hard. Ek gee vir haar die pleister en loop om 'n skêr te gaan haal. Toe ek terugkom lê Lies agteroor in die stoel, heeltemal slap. Sy is totaal bewusteloos! Ek roep haar maar kry geen reaksie nie. Haal sy asem? Ek maak haar klere los en voel haar pols klop stadig. Verbeel ek my of word sy blou? 'n Groot paniek kom oor my. 'n Magdom vrae skiet deur my kop. Sê nou net sy gaan dood? Wie kan ek roep? Ons bure is dalk nie eers tuis nie. Ek roep haar naam en klap teen haar wange en skielik gaan haar oë oop.

Sy kyk verdwaas rond soos een wat nou net wakker geword het. "Wat klap jy my so?" vra sy gesteurd. Ek huil van pure verligting. "Ek was heeltemal weg. Ek het seker flou geword," sê sy verbaas en onthou dan skielik van haar toonnael.

So is Lies. Omdat sy lank is, en so plat-op-die-aardenugter, kom haar sensitiwiteit altyd weer as 'n verrassing. Ek onthou weer Lies se verhaal van haar eerste dag as leerling-verpleegster. In haar splinternuwe, kraakwit uniform het sy om kwart-voor-sewe vir diens aangemeld in die Nasionale Hospitaal, Bloemfontein. In die suster se kantoor was die nagdiens personeel besig om verslag te doen aan die dagskof.

"Die verpleegster was doodsbleek en sy het so moeg gelyk na haar twaalf uur skof. Sy het vertel van die drips wat in die weefsels geloop het. Een van die pasiënte was glo baie rusteloos en het uit die bed geval, toe moes sy die dokter laat kom. Alles het so erg gelyk. Skielik het ek lighoofdig begin voel. Ek het maar buite die kantoor in die gang gaan staan. Gelukkig was daar 'n bank en ek het gaan sit met my kop tussen my bene. Ek was so skaam toe die verpleegsters uit die kantoor kom en my daar sien sit. Een het my 'n medisyneglasie gegee met *sal volatile*, 'n soort vlugsout. Die suster het net geglimlag en gesê ek moet maar solank in die kombuis gaan help met die pasiënte se ontbyt. Om te dink ek het flou geword voor ek die eerste pasiënt gesien het!"

Tog het hierdie selfde vrou later as professionele verpleegster in die Rooikruis Kinderhospitaal se operasiesaal gewerk. Nogal saam met die beroemde Barnard broers se hartspan. Ja, Lies is sensitief en sterk tegelyk. Ons twee se siektes en kwale verskil nogal. Ek is geneig tot borskwale en was al meer dikwels siek as sy. Sy het in haar jong jare gely aan swaarmoedige buie wat my aanvanklik heeltemal hulpeloos gelaat het. Agteraf bekyk, was dit 'n vorm van depressie waarvoor ons nie destyds woorde gehad het nie. En ook geen behandeling nie. Die buie het gekom, 'n paar dae geduur en weer vanself gegaan. Ek het later van tyd begryp dat ek nie eintlik veel kan doen om haar te help nie. Ek kon maar net daar wees en later van tyd, as sy beter voel, sou sy my soms vertel wat haar so gepla het.

Dit was veel later, eers in ons middeljare, dat ons albei, elkeen op haar eie tyd, terapeutiese sielkundiges ontmoet het wat ons help groei het in selfbegrip. Lies was my ver vooruit en ek kon sien hoe sy baat by die langdurige en destyds vir my effens misterieuse proses van intieme praat-luister met 'n vreemdeling. Later, tydens 'n krisis wat my laat wonder het waaroor die lewe nou eintlik gaan, moes ek eers oor my angs kom dat terapie my so sou verander dat dit ons dalk uitmekaar sou dryf en dat ons dalk vreemdes vir mekaar sou word. Hoe diep lê die angs vir verandering nie in ons psige nie! Die wil om teen alle koste vas te hou aan ou patrone, so asof verandering nie 'n natuurlike deel van die lewe is nie. Uiteindelik het ons albei se ervaring van terapie ons nog nader aan mekaar gebring. Ons het ons eie ou seerplekke leer verstaan – daardie plekke wat altyd kwesbaar sal bly – en nou kan ons mekaar dikwels terg en saam lag as die een die ander se "soft spot" al van ver af sien aankom.

Soos onlangs met my jongste griep wat op 'n toe bors uitgeloop het, en toe nog boonop saamgeval het met ons bejaarde gemmerkat Vusi se skielike agteruitgang. Ek was so siek dat ek nouliks bewus was van Vusi tot ek skielik bewus word dat hy, nes ek, sukkel om asem te haal. Ek het vir Lies gehelp om Vusi in sy mandjie toe te maak op 'n sagte kombersie. Ek het haar alleen sien wegry na die naaste veearts op ons buurdorp. Ure later het Lies alleen teruggekom met die nuus dat Vusi kanker het en waarskynlik nie die behandeling sal oorleef nie.

Ons het saam getreur. Lies was ontroosbaar. "Dis alles so erg. Jy en Vusi. As ek eendag alleen moet agterbly … ek moenie eers daaraan dink nie." Ek het haar angs gesien en wou dit wegneem. Toe hoor ek myself sê "Ag toemaar, ek belowe jou ek sal nie eerste gaan nie, no matter what!" Sy het geglimlag deur haar trane. "Jy beter nie, want ek belowe jou ek gaan moeilik wees op my eie!"

Gelukkig is oudword 'n kroniese toestand wat so geleidelik gebeur dat mens langsamerhand daaraan gewoond raak. Totdat jy eendag onverwags jouself in 'n onbekende spieël aansien vir jou ma. Ek sien deesdae gereeld Pa se hande wat uitreik om iets raak te vat en dan sonder enige waarskuwing misvat. Of ek betrap myself daarop dat ek nes Ma op die rand van die bed gaan sit om my voete af te droog. Gewoonlik is ek skaars bewus van die feit dat Lies ouer is as ek, want sy is jonk van gees en van lyf. Niemand wil ooit haar ware ouderdom glo nie. Albei haar ouers het rumatiek gehad en sy is ook geneig tot stywe gewrigte en spiere. Soos byna alle verpleegsters is Lies ook danig skepties oor mediese behandeling as dit by haarself kom. Sy probeer veel liewer alternatiewe of sogenaamde komplementêre behandeling. En daarvan is daar op ons dorp, wat bekend staan as 'n *free range old age home*, te kus en te keur. Daar is letterlik 'n raat vir elke kwaal op jou naaste straathoek. Alhoewel goedbedoeld, irriteer dit my soms. Mens is byna bang om te erken jy was by die dokter, of dat jy tog maar 'n antibiotikum neem. Die kanse is goed dat 'n buurvrou met koppie skeef gedraai, sal vra, "And you're OK with that?"

Hoe sal die einde wees en hoe gaan die een wat agterbly verder? Ons dink soms aan die laaste paar strofes uit *Later*, 'n gedig van Simon Carmiggelt, wat Herman van Veen so mooi sing, en weet dat selfs dood maar deel van die lewe is.

Ik beloof je, dat ik dan
het attent zijn aan zal leren
en ik zal ook vaak proberen
of je nog wel lachen kan.

Lachen als een oude dame
die haar zegje heeft gezegd,
die, als ze wordt afgelegt
zich voor niemand hoeft te schamen.

Wel, wel, wel zo zal dat gaan
en we sterven, heel bedaard,
op een donderdag in maart.
Tegelijk – daar hecht ik aan.

En als onze aardse last
met die wereld gaat vergroeien
zal uit jou een bloempje bloeien
een viooltje – dat staat vast.

[*Later*. Teks: Simon Carmiggelt, Muziek:
Herman van Veen in vogelvlucht, 1987.]

Epiloog
Oliebollenfees

"Olly Bolly! Oil Balls? Fat Cakes? O, jy bedoel vetkoek." "Nee, nee hoor, oliebollen! Olie, omdat dit in olie gebak word en die bol kan jy mos nou duidelik sien. Kyk!" Dis hoe Lies verduidelik as die besoekers haar uitvra oor ons jaarlikse oliebollenfees op die laaste dag van die jaar.

Net na vier op Oujaarsdagmiddag staan die oliebolbeslag al tot aan die rand van Mevrou Armstrong se tienliter mengbak. Ek roer dit met 'n spaan sodat die ergste gasborrels kan ontsnap. "Dis tyd," sê Lies en ons begin om ons werktuie buitetoe te dra. Op 'n groot stuk papier het Lies ons tjeklys neergeskryf, sommer saam met die resep. Op populêre aandrang dra Lies vanaand haar Volendamse kantkappie saam met 'n rooi voorskoot. Ek het 'n rooi Hollandse boeresakdoek om my hare gebind.

Vandag bak ons onder die strooiafdak van ons garage omdat die wind gewoonlik so teen vyfuur opsteek. Elf jaar se ondervinding het ons geleer dat dit nie baat om in die wind op 'n gasstoof te probeer bak nie. Teen halfvyf is die twee swaarboomkastrolle goed warm en die eerste bolle sis in die olie. Voor op die tafel staan 'n vergiettes om die gaar bolle in te dreineer, 'n groot hout opdienbak en 'n strooibussie met versiersuiker.

Ons het vandag twee jong assistente; Riëtte en Mia kuier by ons en hulle doen diens by die gemmerbiertafel. Oor die tafel hang die rooi doek wat ons vriendin Dith uit Holland geborduur het met haar eie hande, en waarop sy altyd baie trots was. Die rooi doek is versier met wit kerse en sterre. In die yskas is twintig liter gemmerbier en Suenel se glase staan reeds gereed. Net na vyf begin die eerste dorpenaars naderstaan, eers versigtig want niemand wil die eerste wees nie. "Is ons te vroeg?" Maar binne 'n kwartier is daar reeds 'n groep mense wat gesellig staan en kuier in Breëstraat voor ons huis.

"Your olly bolly are so good this year!"

"Ja," sê Lies, "maar moenie te vinnig hap nie! Onthou om eers goed na sy vorm te kyk. Wat sien jy? 'n Varkie of is dit 'n olifant? Wat beteken dit vir jou jaar wat voorlê?"

Ons bak al 'n uur en ek stap rond om te sien of almal darem 'n oliebol of twee gehad het. Buurman Pieter help my om die bakke rond te dra. Die stemming is vrolik. Ek groet mense wat ek nog nooit gesien het nie, seker maar vakansiegangers en inwoners se gaste. Hulle is almal opgewonde en verras en kan net nie glo dat almal welkom is nie. Mense wil graag 'n bydrae maak en ek vertel hulle dat vanaand se bydraes na die Breede Sentrum op die dorp gaan. Die boksie staan op die gemmerbiertafel.

Ek kyk na die gesellige geroesemoes en dink aan twaalf jaar gelede toe ons op ons eerste Oujaar op McGregor oliebolle gebak het in die straat voor Temenos waar ons destyds 'n koffiewinkel bestuur het. Die ritueel het mettertyd verskuif na ons straat en sonder veel beplanning aan ons kant is dit nou 'n vaste instelling op die dorpskalender. Die hele gebeure, of "event" in deesdae se taal, is kort maar hewig. Ongeveer honderd mense daag op, vermaak hulleself en wens mekaar die beste toe vir die nuwe jaar. Binne twee uur is alle bolle gebak en opgeëet en almal gaan weer huistoe of na hulle eie kuierplekke.

Ek het my eerste oliebolfees by Lies se suster Corry beleef. Dit was ongeveer 50 jaar gelede in Bloemfontein. In ons Kaapse jare het Lies self begin bak volgens Tante Corry se resep wat afgeskryf is in 'n klein resepteboekie. Die hoeveelheid wat ons maak het mettertyd vermeerder. Tog koddig om te dink hoe hierdie reseppie nou ontwikkel het in ons reuse straatresep.

Om agtuur help vriende ons om die stoof en die tafels terug te dra kombuis toe. In 'n japtrap is alles weer silwerskoon en op sy plek. Die straat is weer stil. Ons tel die geld vir die Breede Sentrum; 'n netjiese agthonderd Rand! Ek onthou die anonieme bydraes wat die afgelope week op ons stoep begin aankom het; 'n pakkie suiker hier, en 'n sak meel daar.

―――

Dit is Oujaar 2016. Die blink jongmense van McGregor se Uni-Stars Xmas Band vermaak die feesgangers met heerlike dansmusiek. Ek kyk uit my strooiskuur waar ons die laaste bolle bak en kan my oë nie glo nie. Oud en jonk dans in Breëstraat dat die stof so staan. Alle kleure en geure is hier. Bodorp en onderdorp ontmoet voor ons huis. Lies dans 'n soort riel met 'n kort bruin man. Toeriste vergaap hulle. Mense wens mekaar geluk vir die nuwejaar.

En skielik sien ek hoe al my drome waar geword het. Sommer vanself. Dit is hoe dit voel om deel te wees van 'n dorp. Warm om die hart.

Printed in the United States
By Bookmasters